LES

TURQUOISES

POÉSIES, CONTES ET NOUVELLES

TABLE DES MATIÈRES

Paris. — Imprimerie de Viéville et Capiomont, rue des Poitevins, 6.

JOHN BURR, PINXᵀ

W. GREATBACH, SCULPᵀ

LES TURQUOISES

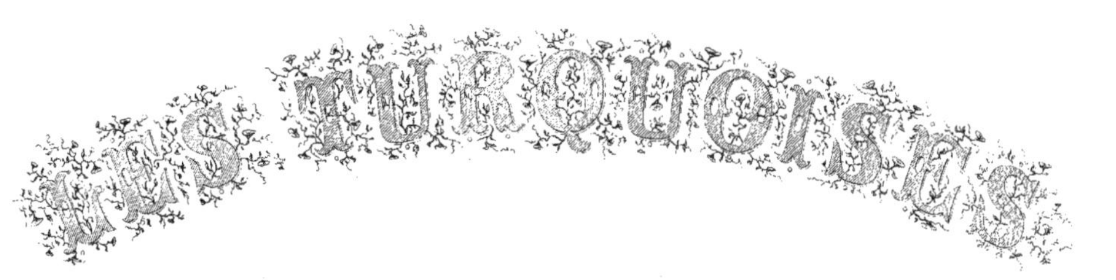

POÉSIES, CONTES, ET NOUVELLES.

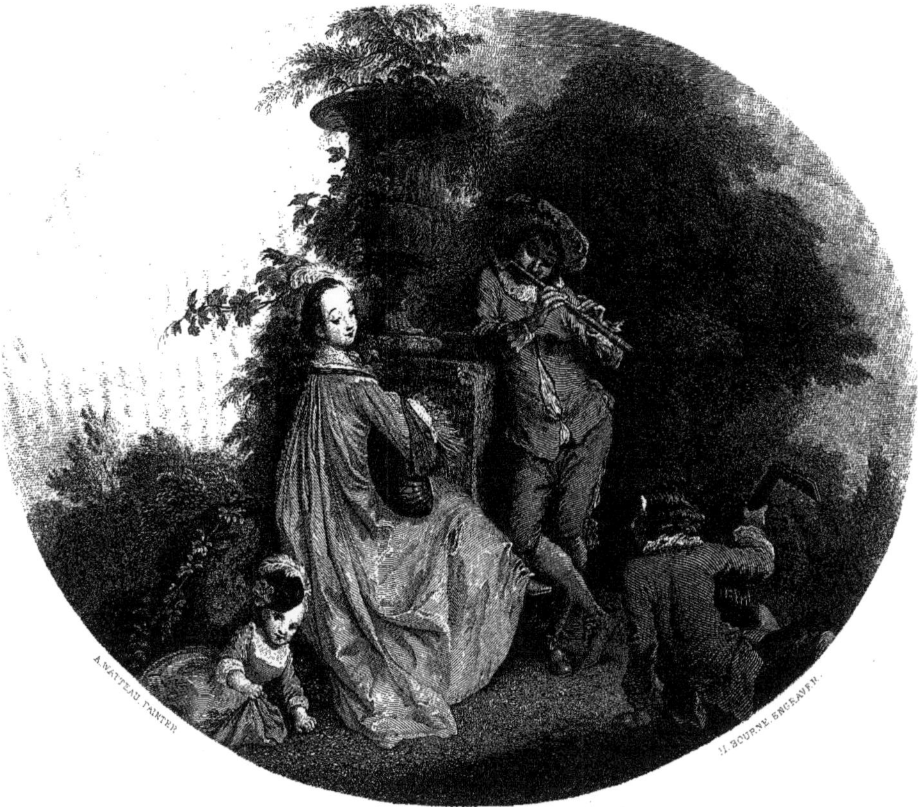
A. WATTEAU PAINTER
H. BOURNE ENGRAVER

Imp. par Virtue et Cie

PARIS.

LIBRAIRIE, Vve JULES RENOUARD, ÉDITEUR,

6 Rue de Tournon, 6.

BIBLIOPHILE JACOB

LES

TURQUOISES

POÉSIES, CONTES ET NOUVELLES

PARIS

LIBRAIRIE VEUVE JULES RENOUARD

ÉTHIOU-PÉROU, Directeur-Gérant

6 — RUE DE TOURNON — 6

LES TURQUOISES

AUGUSTE FRESNEL

C'est l'heure où le vieux magister communal, les besicles sur le front, les mains derrière le dos, regarde, du seuil de sa classe, s'éparpiller dans les diverses directions la troupe turbulente confiée à ses soins.

Les plus jeunes, les *petits* (pour parler le langage de l'école), s'en vont d'ici et de là : les uns, marchant deux à deux, à pas lents, se confient de grands et sérieux secrets ; d'autres, s'enfuyant seuls à toutes jambes, chantent à gorge déployée ; d'autres flânent le long des maisons, grignotent quelques restes de galette ou de tartines, retrouvés au fond de leur panier.

Quant aux *grands*, ils vont, à une cinquantaine de pas, former un groupe au sein duquel on paraît tenir conseil.

Après une courte délibération, trois ou quatre des plus âgés se détachent de la troupe et reviennent vers le maître qui a observé tout ce petit manége. Leurs camarades, par qui l'on comprend qu'ils sont envoyés, les suivent attentivement des yeux. Quand ils se trouvent à deux pas de l'instituteur, les trois enfants se découvrent, et le plus résolu, prenant la parole :

« M'sieu, dit-il, faites, s'il vous plaît, grâce à Auguste ; c'est nous autres tous qui vous en prions.

— Oui, M'sieu, ajoutent les deux autres, levez sa retenue, laissez-le venir?

— S'il vous plaît, m'sieu! reprennent-ils tous trois ensemble.

— Non, messieurs! réplique le maître d'école, de la voix la plus austère et de l'air le plus imposant : monsieur Auguste est un incorrigible paresseux, dont il faut faire un exemple pour la bonne discipline de la classe.

— M'sieu, s'il vous p!aît! répètent les trois écoliers; nous vous promettons qu'il travaillera bien.

— Si cela devait dépendre de votre parole, je vous accorderais sans peine la grâce demandée, répond le maître ; mais monsieur Auguste ne manquera pas de démentir cette belle promesse. Je vous laisse à penser ce qu'on peut attendre d'un enfant, qui, à neuf ans, après avoir déjà reçu mes leçons pendant plus de trois ans, est à peine capable de lire couramment la moindre page imprimée, et ne sait pas tracer deux lignes d'écriture un peu régulière. Celui-là est, je le répète, un mauvais sujet, qui fait aujourd'hui la honte de ma classe, et qui, plus tard, fera sans doute le désespoir de ses parents.

— Non, m'sieu, non... vous verrez! Il sera sage, il apprendra bien ses leçons! Laissez-le aller.

— Non, messieurs, réplique sèchement le maître. »

Et il se dispose à refermer la porte derrière lui, pour mettre fin à ce colloque, pendant lequel toute la troupe, qui observait d'abord à distance, s'est instinctivement rapprochée.

Alors un des trois députés s'aventure jusqu'à retenir le vieil instituteur par le bras, et tirant de son carton d'écolier un petit portefeuille en papier qu'il lui montre :

« Voyez, m'sieu, voilà toutes mes *exemptions :* il y en a plusieurs cents que j'ai bien gagnés, n'est-ce pas?

— Oui, sans doute, car vous êtes, je dois le proclamer, le meilleur sujet de mon école, et par cela même, je m'étonne que vous intercédiez pour un garnement...

— Eh bien! reprend l'enfant qui tient toujours le portefeuille ouvert : toutes mes exemptions, je vous les rendrai, si vous levez la retenue d'Auguste.

— Et nous aussi! et nous aussi! disent vingt voix à l'unisson, pendant que vingt mains montrent des portefeuilles semblables au premier : toutes nos exemptions, pour la grâce d'Auguste! »

Le maître, évidemment ébranlé par cet élan unanime de générosité, veut cependant hasarder encore quelques objections, mais un immense concert de supplications lui coupe la parole.

Il lève sa main pour imposer silence; on se tait.

Alors se tournant vers l'intérieur de la classe : « Approchez, monsieur Auguste, » dit-il.

L'on voit bientôt paraître un petit garçon, tout maigre, tout chétif, tout pâle, qui s'avance en effaçant tranquillement de la main les marques poudreuses que son haut-dechausse porte à la place des genoux, et qui indiquent assez quelle attitude l'enfant vient de quitter.

Arrivé près de la porte, l'enfant s'arrête, et, tenant ses yeux baissés, plus par indifférence que par confusion, tournant machinalement ses mains l'une dans l'autre, il paraît disposé à ne pas écouter un mot de la verte semonce préparée à son intention.

« Monsieur Auguste, dit solennellement le maître, la noblesse du cœur de vos camarades me fait oublier aujourd'hui votre paresse et votre indocilité. Touché de leurs instances, je vous fais remise entière de la peine encourue par votre mauvaise conduite. Ne me remerciez pas; mais, songez-y, c'est la dernière fois que je fais preuve d'une telle indulgence à votre égard, et pour vous montrer digne de l'amitié de vos libérateurs, prenez enfin la résolution de leur ressembler. Allez, et ne méritez plus mes rigueurs !

— Vive M'sieu ! vive M'sieu ! » crient à la fois tous les écoliers, à l'exception pourtant du petit Auguste, qui accepte la délivrance aussi placidement qu'il semblait avoir accepté la punition.

Et la troupe tumultueuse s'éloigne, entraînant au milieu d'elle le ci-devant captif, qui, au lieu de mêler ses cris à ceux de ses amis, marche silencieux, le front plissé par une évidente préoccupation.

« Tu devais bien t'ennuyer là-bas tout seul, à genoux dans la classe ? lui dit-on.

— Non ! non ! répond-il machinalement, et sans déplisser son front plein de pensées..... Non..... je songeais..... je m'occupais à trouver..... et je crois bien que..... »

Puis, tout à coup, le front épanoui, les yeux rayonnants :

« Mais oui, mais oui !... C'est cela, j'ai trouvé ! s'écrie-t-il, en bondissant de joie.

— Trouvé quoi ? demandent plusieurs enfants.

— Venez, venez !... Venez, tous. »

Et il part à toutes jambes, léger comme un cerf, dans la direction de la campagne. La bande joyeuse s'élance sur ses traces, mais les plus alertes ont peine à le suivre.

Il les emmène ainsi, comme un fougueux capitaine ferait de ses fidèles soldats, jusque sur la lisière d'une épaisse futaie qui borde une prairie.

Arrivé là : « Attendez ! » leur dit-il. Et il entre seul dans la futaie, d'où il ne tarde pas à ressortir, portant un petit faisceau de morceaux de bois, liés d'un brin d'osier tordu, qu'il dépose sur le pré, en disant : « J'ai tout retrouvé où je l'avais caché hier jeudi. »

Le lien d'osier rompu, l'on peut distinguer épars dans l'herbe plusieurs arcs, une quantité de flèches, et aussi quelques-uns de ces jouets que les enfants taillent dans les branches de sureau, et nomment, selon le pays, des *pétards* ou des *canonnières*.

Ces divers objets étalés devant lui, Auguste s'assied et tire de sa poche tout d'abord un couteau, dont il se sert pour tailler une baguette de noisetier; puis, un bout de corde qu'il se met en devoir de tordre et d'effiler pour se procurer du chanvre.

Tout en travaillant avec une sorte d'activité fébrile, il explique, aux enfants formant un cercle autour de lui, comme quoi il pense avoir résolu le problème qui jusque-là les avait fort embarrassés.

Or, cet important problème pouvait être formulé de la sorte : Faire que les *canonnières* de sureau, au lieu de ne lancer, en détonant, que des bourres sans force et sans direction certaine, poussent de véritables projectiles pouvant atteindre un but éloigné qu'on aurait visé ; en d'autres termes : Faire, d'un bruyant mais innocent jouet, une arme en quelque sorte offensive.

Auguste ne tarda pas à prouver à ses camarades que la difficulté était vaincue. Au lieu d'introduire comme à l'ordinaire, dans la longue canonnière qu'il venait de prendre à la main, de simples tampons de papier mâché ou de liége, il la chargea de deux flèches très-courtes, ajustées au calibre de l'arme par des bourrelets de chanvre, chargées à la pointe de clous empruntés à deux toupies qu'on brisa à coups de pierres pour les déferrer; ces projectiles d'un nouveau modèle étaient munis à la partie inférieure de deux petites ailes improvisées à l'aide d'une feuille plane de roseau.

Je commets peut-être quelque erreur, en vous donnant les détails de cette expérience, à laquelle je n'assistais pas, et que les historiens n'ont, par malheur, que très-sommairement décrite ; mais toujours est-il que, s'étant placé à vingt pas environ d'un gros arbre, Auguste tira en visant l'arbre, et que, le coup parti, la flèche alla effleurer le tronc qu'elle dépassa même de dix pas.

« Bravo, Auguste! bravo! » crièrent à qui mieux mieux les enfants qui battaient des mains, qui sautaient follement.

Auguste, après un instant de satisfaction, était retombé dans ses réflexions : « Ce n'est pas encore tout ce qu'on peut faire; il faut que les canonnières puissent être tirées comme on tire un fusil, en les épaulant, afin de mieux viser. Puis, aussi, j'ai besoin de me rendre compte de la grosseur et de la longueur à donner aux canonnières, pour les faire porter plus loin. Patience! j'espère trouver tout ça. Quant aux arcs et aux flèches, je m'en suis occupé hier tout le jour. Je vais vous dire, vous faire voir ce que j'ai trouvé..... »

En passant en revue chacun des objets qu'il avait apportés sur le pré, il démontra, par une suite d'expériences, de commentaires, de remarques, quelles sont les espèces d'arbres dont les rameaux verts ou secs, bruts ou dépouillés de leur écorce, peuvent fournir les arcs les plus vigoureux et les plus élastiques, ainsi que ceux qui peuvent donner les flèches les plus droites et les plus rapides. Auguste en eut pour plus d'une heure à faire toutes ces démonstrations. Quand les enfants se séparèrent pour regagner le logis paternel, plusieurs des *grands* qui se rendaient ensemble dans le même voisinage, et qui déjà employaient, au cas échéant, certaines locutions un peu relevées, proclamèrent d'une commune voix : « que le petit Auguste était un homme de génie. »

Ce qui n'empêcha pas que, dès le lendemain, l'homme de génie ne se trouvât de nouveau en retenue, pour n'avoir fait aucun devoir, pour n'avoir appris aucune leçon, et pour avoir sans doute, en revanche, trop médité sur l'épaulement des canonnières.

« L'on n'obtiendra donc jamais de vous la moindre application! lui dit le magister, en le punissant.

— Pardon, monsieur, répondit Auguste, quand il s'agira de choses que j'aurai du plaisir à savoir; mais votre grammaire, votre géographie, votre histoire sainte, qu'il faut apprendre par cœur, mot à mot, pour les réciter ou pour les écrire, comment voulez-vous que ça me plaise?

— Taisez-vous, et allez vous mettre à genoux, petit raisonneur! »

Ainsi finit l'entretien.

Quelques semaines plus tard, un soir, le maître reconduisait lui-même le petit homme de génie à son père, auquel il déclarait nettement ne savoir plus quel moyen employer pour faire de son fils autre chose qu'un ignorant et un paresseux. A peu près vers le même temps, un certain nombre de pères et de mères de famille du pays se réunissaient pour aviser à la prohibition générale des arcs et des canonnières perfectionnés, auxquels étaient dus déjà un certain nombre d'accidents plus ou moins graves.

Le conseil décidait, en outre, d'une commune voix, qu'il était prudent d'interdire aux enfants la fréquentation du petit Auguste, lequel ne pouvait leur enseigner que la paresse et le mauvais emploi de leur intelligence.

Le voilà bien partagé, n'est-ce pas, ce père qui ne dut pas manquer d'apprendre cette humiliante décision, après avoir entendu la déclaration d'un maître d'école?

Il a pourtant ce dernier espoir (un père, une mère ont toujours un dernier espoir au fond de leur amour), que, en dépaysant son fils et en le plaçant dans quelque autre institution, le mauvais naturel sera vaincu.

Il le mène donc au collége de Caen; et, de retour à Broglie, se morfond d'impatience dans l'attente des bulletins qui doivent le rassurer ou l'affliger davantage.

Et le premier bulletin, qui devait servir de modèle au second, et au troisième, et au quatrième, et à beaucoup d'autres, porte à peu près les notes suivantes: « Grammaire, mal; Thème, très-mal; Version, très-médiocre; Histoire, très-mal; Leçons, mal sues; Devoirs, très-négligés, » et le reste à l'avenant...

Pourtant, à l'âge de seize ans et demi, Auguste était reçu, l'un des premiers par rang de mérite, à l'École polytechnique. Et certes, s'il est de difficiles examens à subir, ce sont ceux qui ouvrent les portes de cette École.

De combien d'application il faut avoir fait preuve pour être admis à prendre place sur ces bancs où se sont assis tant d'hommes remarquables! Que de connaissances il faut avoir déjà abordées!

Comment donc et à quel moment s'était opérée l'heureuse métamorphose du petit garçon paresseux et indifférent en un jeune homme studieux et avide de savoir? Sans doute, le jour où une branche du grand arbre de la science humaine s'était montrée à lui chargée de fruits tentateurs; le jour où, en voulant cueillir ces fruits, il se vit obligé d'escalader le tronc et de se faire route à travers bien d'autres branches pour arriver jusqu'à la branche convoitée.

Dans cette ascension, il avait goûté aux fruits des autres branches et les avait trouvés agréables; si bien, qu'une fois sur l'arbre, il n'avait plus voulu en descendre.

Ce fut l'histoire d'Auguste, comme c'est aussi celle de tous ceux qui se laissent allécher par le même appât: l'escalade de l'arbre est pénible, le voyage à travers ses innombrables rameaux plein d'obstacles.

Tel hôte de ce labyrinthe est plus à plaindre en de certaines heures, que le condamné traînant sa chaîne; mais l'instant de repos pris au milieu des branches chargées de fruits est si doux, mais les fruits cueillis sont si délicats, qu'ils suffisent je ne dirai pas seulement à faire oublier, mais à faire aimer les rudes travaux, au prix desquels on a dû les conquérir.

En 1808, à dix-neuf ans, Auguste sortit de l'École polytechnique avec le titre d'ingénieur des ponts-et-chaussées; pendant six ans, il remplit avec une assiduité et des aptitudes remarquables les fonctions attachées à ce titre. En 1815, les événements politiques l'ayant conduit à se démettre de ses fonctions, il résolut de se livrer tout entier à son goût, ou plutôt à son génie pour les recherches physiques, et bientôt il fut grand bruit, dans le monde savant, des mémoires publiés, des découvertes faites par le jeune physicien Auguste Fresnel.

En 1818, l'Académie ayant mis au concours un travail sur une des questions les plus difficiles et jusque-là les moins approfondies: la diffraction de la lumière, Auguste Fresnel remporta le prix. Quatre ans plus tard, il était élu à l'unanimité membre de la docte assemblée, qui avait couronné son travail, examinateur à l'École polytechnique, correspondant de la Société scientifique de Londres.... Et, depuis, chaque année de sa vie fut marquée par quelque importante excursion dans la partie encore inexplorée du domaine des connaissances humaines; excursions, desquelles il rapporta toujours d'utiles vérités. Enfin, par suite de longues études qu'il avait faites sur la théorie de la lumière, et en fécondant une simple idée que Buffon avait émise, mais qui était restée comme morte, il trouva l'application aux phares des lentilles dites à échelons.

Aujourd'hui, tous les phares du monde sont munis de l'appareil Fresnel. Tous les navigateurs de toutes les nations sont unanimes à bénir le nom d'Auguste Fresnel, mais sans se douter, pour la plupart, que ce nom fut celui du petit paresseux que le maître d'école ne voulait plus dans sa classe et dont la fréquentation était reconnue dangereuse pour les enfants de son pays.

Eugène MULLER.

BERGERIE

DANS LE STYLE DE WATTEAU

« Viens-tu danser, dans la prairie,
Jeune bergère, aux sons du chalumeau ?
Viens, le temps est beau,
L'herbe est fraîche et fleurie :
Voici venir les bergers du hameau.

— Hélas ! hélas ! bien qu'on m'en prie,
Je n'ai plus cœur à danser sous l'ormeau.
Oui, le temps est beau,
L'herbe est fraîche et fleurie;
Mais mon berger a quitté le hameau.

« Un crêpe noir couvre ma rêverie.
Je pleure presque aux sons du chalumeau....
Le temps n'est plus beau,
L'herbe n'est plus fleurie,
Et je fais fi des danses du hameau.

« Quand reviendra vers sa chérie,
L'ingrat berger, qu'appelle son troupeau,
Le temps sera beau,
L'herbe sera fleurie :
Je prendrai part aux danses du hameau. »

Quand le berger revint, hélas !
La bergère ne dansa pas.

P. L. Jacob, bibliophile.

VUES DE LA MER

A mer est le plus magnifique de tous les spectacles, sous le ciel, qui seul lui commande. Elle obéit à ce maître plus puissant qu'elle et n'obéit qu'à lui ; elle en suit toutes les passions ; elle en reflète tous les caprices : gracieuse, fantasque, mélancolique, ou sereine, lumineuse et splendide comme lui. Les flots sont aussi changeants que les nuages. C'est le ciel qui impose à la mer une variété infinie.

Le spectacle de la mer se renouvelle à tous les instants, selon le caractère du ciel. On peut regarder la mer plus longtemps qu'aucun paysage. Même devant les montagnes, dont cependant la couleur aussi varie sans cesse, la vue se fatigue bientôt : il leur manque le mouvement. Mais on demeure volontiers, tout un jour et tout un soir, en contemplation devant la mer éternellement mobile sous la lumière ou l'ombre ; la nuit même, on la voit encore, quand la terre s'efface dans l'obscurité.

Ici, la mer s'étale sur une large grève et pousse le sable contre la dune monotone, uniformément revêtue de touffes d'hoyat, sorte de mince ruban vert tendre, glacé d'argent, de petits halliers d'une plante piquante, graines couleur d'orange, et d'autres végétaux indigènes, qui aiment le sable, l'arrêtent au vol et le retiennent amoncelé autour de leurs racines. Ici le pittoresque n'est point sur terre ; la mer offre au peintre une infinité de tableaux.

La journée a été magnifique, le ciel absolument pur et bleu, comme un ciel italien : aucun vent, pas même de brise au rivage ; aucun nuage, pas même autour du soleil qui va se coucher derrière la courbe de l'Océan.

C'est un effet de calme auquel nous assistons par cette belle soirée de juillet.

La mer, pareille à un lac paisible, rappelle le lac Majeur ou le lac Léman. A peine

R. DAWSON PINXT · W. CHAPMAN SC.

VUES DE LA MER.

[illegible] PARIS

se frange-t-elle d'une lisière argentée, en touchant le sable ; elle n'a aucune raison pour se soulever avec fracas, puisque tout est tranquille au ciel ; on n'entend pas même le bruit de son ondulation qui avance petit à petit et conquiert la plage.

Le soleil cependant continue à descendre sur le croissant de la mer. Il est seul et sans voile, quoique d'ordinaire il se plaise, le soir, à appeler autour de lui un cortége de nuages qu'il colore à grande illumination. Son disque de feu rouge projette un rayonnement couleur de cuivre, qui se dégrade en haut dans le bleu du ciel, et s'étend à droite et à gauche jusqu'aux pointes extrêmes de l'arc marin. Le ton jaune s'empourpre, à mesure que le soleil baisse, et quand le soleil a disparu, le ciel demeure encore longtemps teinté d'une nuance orange que l'Océan reflète sur un fond bleuâtre.

Peu à peu la plage s'obscurcit : les flaques d'eau, immobiles dans les petits creux de sable, conservent seules une réverbération pâle, comme un miroir d'acier. Bientôt la vue se simplifie encore, et il ne reste plus que trois longues bandes superposées : la terre sombre, la mer plombée, le ciel cuivré.

Alors il passe à l'horizon quelques barques de pêcheurs regagnant le port, les voiles et la mâture découpant en noir, sur les dernières lueurs du fond, des silhouettes étranges, des figures fantastiques qui agitent leurs bras pour des œuvres mystérieuses, des groupes de bronze qu'on dirait fixés sur un autre rivage à des distances infinies. Tout prend une proportion gigantesque : un goëland, qui rase le flot, semble le génie de la mer, les ailes étendues sur son domaine ; les promeneurs attardés le long de la grève « font image » et se dessinent comme de grandes ombres chinoises. C'est le moment où l'imagination interprète les formes plus ou moins accusées, et voit tout ce qu'elle veut ; où les nerfs tressaillent au moindre bruit, au grain de sable qui dévale de la dune, à l'imperceptible mouvement des tiges de l'hoyat, qui ouvrent leurs filaments pour recueillir l'humidité de la nuit, au frissonnement lointain de l'eau rampant sur sa couche unie ; c'est l'heure où l'esprit s'envole à travers ce monde confus, qui paraît sans bornes.

Le lendemain, le vent s'est levé. Tout change. Autre ciel, autre mer.

De gros nuages, modelés en relief, se poursuivent autour de l'horizon, s'accostent, se groupent et se confondent, ou se heurtent et se séparent, plus rapides après ce frottement électrique. Les vagues font comme les nuages : elles se précipitent vers la côte, grimpent les unes sur les autres, se provoquent et se culbutent, se creusent ou s'arrondissent, s'insurgent et s'affaissent, toujours poussées en avant par des houles bondissantes, qui accourent de la pleine mer, en agitant leurs blanches crinières.

A marée haute, c'est sur la digue qu'il faut venir contempler la mer. Le flot s'y brise, s'élance en gerbes, le long du môle incliné, et retombe en cascades de diamant.

Le soleil se couche, cette fois, en luxueux apparat. Il a rassemblé presque tous les nuages errant au ciel. Ainsi accumulés à l'horizon occidental, ils représentent des chaînes de montagnes flamboyantes, un pays magique avec des sommets en fournaise, des pentes en pierreries, des rocs en rubis, bordés de ciselures d'or, des forêts ardentes, des palais et des ruines en métaux étincelants. Toute la gamme des couleurs y scintille, depuis le pourpre jusqu'au vert, depuis le violet jusqu'à l'argent.

La mer aussi est diaprée de mille nuances : vert pomme au-dessus des bancs de sable blanc, vert foncé au-dessus des bancs de sable jaune, grisâtre au-dessus des couches de vase ; ailleurs, bleue, rose, lilas, pourpre, perle-nacre, émeraude, paille-orange, brun-roux ; ici des coups de soleil ; là des ombres allongées ; quelquefois, au premier plan, des barquettes marquent en noir, tandis qu'au loin brillent de petites voiles blanches comme des ailes de mouette ; ici la mer se détache en clair sur la base des montagnes simulées par l'épaisseur des nuages ; là, elle fait une tache sombre sur un nuage pourpre. Mais partout la ligne bombée qu'elle grave à l'horizon est ferme et distincte. Malgré la splendeur du soleil couchant, l'air est si pur, qu'on perçoit très-bien la rondeur du globe d'après cette courbure de l'Océan.

A peine le soleil est-il couché, que le vent redouble. Il vient du plein nord, dissipe tous les nuages de l'occident, et le ciel se décore d'étoiles.

Aujourd'hui, c'est la tempête. Courons sur l'estacade.

La place est excellente pour admirer la tempête, bien que ce ne soit en quelque sorte qu'une stalle de seconde, les navires en mer pouvant être considérés comme les premières loges du spectacle. Ici, du moins, il n'y a pas péril dans la demeure. On a vu cependant des lames furieuses démantibuler cette estacade et en emporter les morceaux.

Le ciel est gris partout et se confond avec la mer, sur laquelle il pèse. Des rafales et comme des trombes noirâtres abaissent la crête des flots. Mais, après le passage de ces bourrasques, la vague se redresse, s'aiguise, ouvrant derrière elle un gouffre bientôt comblé par une autre vague. C'est une succession d'éboulements de montagnes, dont le bruit est effroyable. A l'entrée du port, sous nos pieds, la bataille est plus vive, quoiqu'elle ait moins de grandeur. L'approche de la côte, l'obstacle des hauts pilotis, irritent encore la mer, qui les frappe de secousses incessantes, se roule à l'entour, puis bondit en l'air jusqu'à escalader cette forteresse percée à jour. Tout le plancher est couvert d'eau et d'écume, les spectateurs aussi.

Quelques barques paraissent au loin et disparaissent dans des sillons sombres. On les aperçoit, tantôt presque perpendiculaires, le mât couché au niveau des lames, tantôt balancées en tous sens et enveloppées de tourbillons. Elles se hâtent vers le port. Elles approchent, elles ne sont plus qu'à quelques brasses. Mais il faut enfiler droit le chenal. Le moindre écart les ferait échouer sur le sable. Elles rentrent, elles sont sauvées.

Au reflux, la tempête se calme. Le vent a tourné. La mer fatiguée s'aplanit. Et, le soir, il n'y a plus d'autre trace de cette convulsion formidable, qu'une abondance de débris sur la grève à sec.

WILLIAM BURGER.

E. M. WARD R. A. PINXT.   T. A. HEATH SCULP.

LE JOURNALISTE INCONNU.

LE JOURNALISTE INCONNU

Le 19 décembre 1769, le roi Georges III était mélancoliquement assis dans un fauteuil, la tête penchée sur une main et les pieds appuyés sur de hauts chenets, en face d'une grande cheminée dont le feu mal entretenu commençait à s'éteindre, car le roi ne permettait pas qu'on entrât dans son appartement lorsqu'il se livrait à ses sombres réflexions. La position hostile de l'Amérique vis-à-vis de la mère patrie, l'agitation qui régnait en Angleterre, où le gouvernement était attaqué avec une violence extrême, où la responsabilité des ministres ne couvrait plus qu'à demi sa personne royale. tout cela était bien fait pour troubler une tête plus forte que celle de George III. Déjà il avait ressenti à plusieurs reprises quelques atteintes de folie. et, malgré les soins excellents du docteur Willis, il retombait parfois dans des accès qui effrayaient la cour et parvenaient jusqu'aux oreilles du public.

Le roi George III était un prince moral et religieux, et il vivait dans un centre d'intrigues et de corruption. La faiblesse de son caractère avait essayé de lutter contre ce torrent dévastateur; mais, habitué dès l'enfance à se laisser gouverner, d'abord par sa mère et par son favori, lord Bute, puis par ses divers ministres, il retombait bientôt dans son inertie et laissait aller les choses, non sans un secret désespoir. Il était animé des meilleurs sentiments pour son peuple; il lui donnait raison dans la plupart de ses réclamations, mais il signait des édits contraires à sa propre pensée, et se dépopularisait de plus en plus. On forçait sa main et son cœur; aussi, se réfugiait-il souvent dans le fond de son palais de Saint-James, ou de son château de Windsor, pour échapper à ses ministres, et cherchait-il, comme Ponce-Pilate, à rejeter sur autrui les rigueurs commises en son nom. Sa folie était née de cette perpétuelle contradiction.

Deux hommes en ce moment remuaient toute l'Angleterre et guidaient l'opinion du peuple par leurs actions et par leurs écrits. L'un était Wilkes, dont le caractère n'avait rien d'honorable, mais qui, poursuivi par des mesures illégales, avait acquis les sympathies de la foule jusqu'au point de devenir l'idole du jour. John Wilkes, fils d'un riche distillateur de Londres, s'était fait un nom dans la Chambre des Communes par son esprit passionné et mordant; on lui pardonnait ses débauches et ses dettes. On avait lu avec ardeur le *North-Briton,* journal qu'il avait rédigé et qui avait causé la retraite de lord Bute. On voulut supprimer le *North-Briton,* et les moyens qu'on employa ne parurent pas constitutionnels au peuple anglais, qui prit les intérêts du journaliste, malgré le peu d'estime qu'il inspirait personnellement. Wilkes se défendit, du reste, avec énergie, et fit valoir habilement les droits de la liberté de la presse. Il brava la prison, l'exil, et entama une guerre obstinée avec les ministres du roi et le Parlement tout entier.

L'autre héros, adopté par la nation comme défenseur des libertés publiques, était le fameux Junius, écrivain inconnu, qui, dans le *Public Advertiser,* dirigeait contre le ministère des lettres foudroyantes, sans jamais soulever le masque qui lui couvrait le visage comme au bourreau de Charles Ier. Tout le fiel qui peut s'extraire de l'animosité politique s'écoulait de la plume de Junius, en se colorant d'une élégance classique qui rappelait les meilleurs discours de Cicéron. Junius le prenait de haut; il se faisait le tribun du peuple; il s'érigeait en censeur comme Caton. Il criblait ses adversaires d'épigrammes qui ne manquaient pas de goût littéraire, et n'en étaient que plus cruelles. Il n'épargnait aucun grand personnage, et culbutait sur son passage, avec autant de promptitude que de dextérité, les imprudents qui venaient se mêler au combat, tels que sir Williams Drapes et quelques autres défenseurs trop officieux des gens dont il ruinait le crédit.

Le premier ministre, lord Grafton, bâtard d'un fils de Charles II, et sa maîtresse Anne Parsons, que Junius avait eu l'insolence d'appeler « une beauté fanée ; » le chancelier de l'Échiquer, lord North, à la langue épaisse, aux yeux trop gros pour leurs orbites : les secrétaires d'État, Weymouth et Hillsborough ; lord Granby, commandeur en chef; lord Mansfield, chef de la justice criminelle du royaume, avaient été étendus par lui sur le chevalet de la publicité et martyrisés à plaisir. On ne savait où s'arrêterait l'audace de Junius, qui, déjà plusieurs fois, avait insinué certains reproches contre le roi, et l'on attendait avec impatience le moment de faire un procès à l'éditeur du *Public Advertiser,* M. Woodfall, puisqu'on ne pouvait saisir le protée qui échappait à toutes les recherches et que M. Woodfall ne connaissait pas lui-même. Selon ses déclarations, les lettres de Junius arrivaient, en effet, à son imprimeur par toutes sortes de moyens fantastiques qui avaient mis sur les dents toute la police de Londres. On eût dit que le diable s'en mêlait.

Le roi Georges III méditait donc, par cette soirée de décembre, sur les observations de Wilkes, et sur celles de Junius ; il se sentait attiré par un irrésistible penchant vers ces deux libellistes qui informaient le public de vérités que personne ne connaissait mieux que lui, et qu'il était obligé de renfermer dans le fond de son âme. Il avait une souveraine aversion pour ses ministres, lesquels le tenaient, pour ainsi dire, en chartre privée, et lui mesuraient la lumière du jour. Il éprouvait quelquefois une maligne joie à les voir traduits au tribunal de la nation. N'ayant pas la force de se venger des humiliations qu'ils lui faisaient éprouver, il jouissait des tortures auxquelles on les soumettait à leur tour; puis, la bonté de son cœur reprenant le dessus, il s'attendrissait sur leur sort et versait des larmes abondantes.

Dans son cabinet était un tiroir caché où il dérobait des pages qu'il griffonnait contre son propre gouvernement et contre sa cour, en ses moments de dépit ; mais, ces pages, la plupart du temps, il les jetait au feu après les avoir relues, et s'amusait, comme un enfant à en faire monter les flammes dans le tuyau de sa cheminée. Sa colère et la fumée s'évaporaient ensemble. C'étaient là ses plaisirs.

Cette raison en démence n'était prise en pitié par personne. La solitude la plus profonde entourait habituellement le roi. Il n'avait, pour se consoler, dans son isolement, que les caresses de ses enfants ; l'innocence de leur âge était un charme pour sa douleur. Il affectionnait surtout le prince de Galles, sans prévoir que la vie de ce prince, qui devait être un long scandale, ajouterait plus tard une peine de plus à ses chagrins. Il accueillait encore avec bonté un commis du bureau de la Guerre, que lui avait recommandé lord Chatam, le célèbre Pitt. Georges III employait ce jeune homme, qui s'appelait Philipp Francis, et dont le talent de rédaction lui avait plu, à débrouiller les projets vagues et décousus qu'il ne cessait de former pour le bonheur de l'Angleterre. Il s'enfermait souvent de longues heures avec sir Philipp, qui avait été à même, disait-on, de constater plus d'une fois les accès d'aliénation mentale de son souverain, lorsqu'une contrariété exaltait cet esprit malade, éclairs passagers, mais dont la flamme était sombre et terrible. On ne le savait que par le bruit qu'on entendait dans la chambre du roi, à divers intervalles, comme un roulement de tonnerre, car sir Philipp Francis, d'une rare discrétion, ne révélait jamais ce qui s'était passé dans ces orageuses confidences. Georges III se plongeait de plus en plus dans sa somnolence méditative, lorsqu'on vint l'avertir que le conseil assemblé demandait à lui parler. Il sortit de son immobile nonchalance; son attitude reprit toute la majesté royale, car il craignait de se laisser voir dans ses heures de délire ou d'abattement. Il avait la parfaite conscience de son état, et le dissimulait autant que possible à son entourage, surtout à ses ministres.

Les portes de l'appartement royal s'ouvrirent, et les membres du conseil, précédés de flambeaux, entrèrent et se rangèrent en cercle autour du roi.

Le duc de Grafton, lord North, lord Mansfield, le duc de Bedford, les secrétaires d'État s'inclinèrent devant ce fantôme de roi.

« Sire, dit le duc de Grafton qui porta la parole en déposant sur la table un numéro du *Public Advertiser*, l'audace de Junius passe toutes les bornes. Après avoir bassement injurié chacun de nous, il poursuit le cours de ses calomnies, en osant s'attaquer à Votre Majesté.

— A moi ! s'écria le roi.

— A vous-même, Sire. Rien n'est sacré pour lui, et puisqu'on ne réussit pas à atteindre ce misérable pamphlétaire qui continue à se cacher et dont la lâcheté égale l'impudence, on peut du moins saisir son éditeur M. Woodfall.

— C'est grave, dit le roi, mais voyons l'article en question. »

Le duc de Grafton reprit le numéro du *Public Advertiser* et lut (*ore rotundo*) les lignes suivantes :

« Sire,

« Le plus grand malheur de votre vie (cause primitive de tout le blâme et de toutes les calamités qui ont accompagné votre gouvernement) est de n'avoir jamais connu le langage de la vérité, jusqu'à ce que les plaintes de votre peuple vous l'aient fait entendre. Toutefois, il n'est pas trop tard pour corriger les erreurs de votre éducation. Nous sommes encore disposés à montrer de l'indulgence, en attribuant tout aux pernicieuses leçons que vous avez reçues dans votre jeunesse, et à concevoir les plus ardentes espérances de la bienveillance naturelle de votre caractère.

« Nous sommes loin de vous croire capable de vouloir, de propos délibéré, envahir les droits primitifs de vos sujets, droits desquels dépendent toutes leurs libertés civiles et publiques. Si nous avions pu former un soupçon aussi déshonorant pour votre caractère, il y a longtemps que nous aurions adopté un genre de remontrances bien différent de l'humble plainte. Nous admettons sans répugnance la maxime tirée de nos lois, que *le roi ne peut mal faire*. Nous séparons l'amabilité et la bonté du prince, de la sottise et de la perfidie de ses serviteurs, et les vertus privées du souverain, des vices de son gouvernement. Sans cette juste distinction, je ne sais laquelle, de la condition de Votre Majesté, ou de celle de la nation anglaise, serait le plus à déplorer. Je voudrais disposer votre esprit à accueillir favorablement la vérité, en écartant toute idée de reproches personnels. Vos sujets, Sire, souhaitent uniquement que, comme ils sont assez raisonnables et affectionnés pour séparer votre personne de votre gouvernement, vous distinguiez à votre tour la conduite qui convient à la dignité permanente du roi, de celle qui ne sert qu'a favoriser l'intérêt temporaire ou la misérable ambition d'un ministre. »

Le duc de Grafton s'arrêta après ce paragraphe, qu'il avait lu tout d'une haleine, en disant : « Voilà le prélude, Sire !

— J'y vois, répondit le roi, que vous êtes, Messieurs, selon l'usage, beaucoup plus maltraités que moi.

— Comment ! s'écria le duc de Grafton : on y parle des erreurs de votre éducation, des pernicieuses leçons reçues dans votre jeunesse...

— Il y a un peu de vérité en cela, répliqua le roi.

— On y fait entendre la menace, ajouta le duc de Bedford.

— Enfin, poursuivit lord Mansfeld, on s'adresse personnellement à vous, ce qui est contraire à la Constitution.

— Ce n'est rien encore! » reprit le duc de Grafton. Et il déroula les autres griefs contenus dans la lettre de Junius au roi : une amitié aveugle pour les Écossais, le reproche d'avoir laissé vendre l'Angleterre à la France, la persécution contre M. Wilkes attribuée à un ressentiment personnel de Sa Majesté, l'oppression des Irlandais, l'éloignement des colonies, la désaffection de l'armée, un appel à une nouvelle révolution. Ces sinistres accusations de Junius, enveloppées d'une forme bienveillante pour la personne du roi, mais que les membres du Conseil transformèrent naturellement dans leurs commentaires en détestable ironie, émurent à la fin Georges III.

« C'est bien fort! dit-il, c'est bien fort. » Et, joignant les mains : « O mon Dieu! tu m'as légué la couronne d'épines! »

Les ministres profitèrent de la disposition du roi, et, redoublant d'efforts, lui arrachèrent un ordre de poursuites contre l'éditeur Woodfall. Ils se retirèrent en triomphe, persuadés qu'ils auraient définitivement raison de leur invisible ennemi.

« Qu'on fasse venir sir Philipp Francis? » dit le roi, lorsque les membres du conseil eurent quitté son appartement.

On eût dit que sir Philipp Francis avait prévu que le roi le ferait mander : il s'était rendu au palais, il venait de rencontrer le duc de Grafton, fier de sa victoire comme s'il eût été Marlborough. Il avait saisi cette occasion de renouveler une demande qu'il avait faite plusieurs fois, celle d'être appelé au conseil de Calcutta et d'aller dans l'Inde. La place que réclamait sir Philipp, place enviée, dépassait, selon le duc, les ambitions d'un commis du bureau de la Guerre.

« Monsieur, lui dit le ministre plus arrogamment encore que de coutume, les bontés que le roi a pour vous vous enivrent. Vous voulez prendre un trop rapide essor; vous pourriez bien n'obtenir que votre retraite.

— Ou celle de Votre Grâce, » répondit impertinemment sir Philipp.

Le ministre jeta sur l'étrange solliciteur un regard où l'indignation se mêlait au dédain; mais sir Philipp ne baissa pas les yeux.

Il alla trouver le roi.

Georges III, dans une grande agitation, parcourait sa chambre, en tournant sur lui-même, comme un lion renfermé dans une étroite cage.

« Ah! vous voilà, sir Philipp! dit-il, dès qu'il aperçut son confident. Nous avons du nouveau. Junius fait encore des siennes... On ne mettra donc pas la main sur cet homme?...

— C'est bien difficile, répondit sir Philipp; il prend de grandes précautions.

— A quoi sert donc la police? s'écria le roi. On prétendait dernièrement qu'il avait été vu jetant une de ses lettres dans l'imprimerie de Woodfall, et qu'on l'avait suivi.

— Oui, Sire, mais il a remonté rapidement dans un fiacre et il a disparu.

— Vous savez qu'il a osé m'écrire?

— Oui, Sire, j'ai lu le *Public Advertiser*.

— Sa lettre est de la dernière impudence.

— Je ne trouve pas, répondit froidement sir Philipp.

— Comment! vous ne trouvez pas? repartit le roi avec surprise.

— Mais non. Il a certainement tort de donner à Votre Majesté des conseils dont elle n'a pas besoin; mais c'est une manière ingénieuse de varier ses accusations contre des ministres que l'Angleterre déteste et que Votre Majesté elle-même ne porte pas dans son cœur.

— Certainement, s'écria le roi, je ne les aime pas, ce duc de Grafton surtout, qui a tous les défauts de ses ancêtres les Stuarts et aucune de leurs vertus!

— S'ils ont eu des vertus? reprit sir Philipp Francis.

— Le bâtard d'un fils de Charles II, continua le roi, qui ose se montrer au théâtre avec une maîtresse!...

— Si elle était jeune encore, dit sir Philipp, ce serait une excuse.

— Non, Monsieur, reprit le roi; il n'y a jamais d'excuse au scandale.

— Il faut faire la part des mauvaises mœurs du temps, Sire; ce n'est qu'une peccadille, auprès du nouveau mariage du duc de Grafton. N'entre-t-il pas dans la famille d'un homme qui l'a fort maltrait.

— Quelle honte! dit le roi: quelle honte! Et ce Bedfort, quelle conduite a-t-il tenue à la mort de son fils! Quelle avidité!...

— Vous voyez donc bien, Sire, que Junius a quelque droit de parler comme il le fait...

— Je n'ai jamais pensé le contraire, s'écria le roi; j'en dirais bien davantage, si je confessais tout ce que je sais, si j'étalais aux yeux de l'Angleterre le chapitre des prévarications... »

Les yeux du roi devinrent étincelants; un mouvement nerveux fit tressaillir tout son corps; ses lèvres frémirent, une légère écume les blanchit, ses cheveux se hérissèrent: sir Philipp pressentit une crise comme celles auxquelles il avait fréquemment assisté.

Il regarda autour de lui, s'assura que les portes étaient bien fermées; puis, il s'assit tranquillement auprès d'une table ronde placée à côté de la cheminée et chargée de papiers; il prit une plume et écrivit quelques notes, tandis que le roi continuait à se promener dans son appartement, en parlant avec volubilité, d'une façon incohérente, mais pleine de passion. Le roi parla ainsi pendant deux heures, et sir Philipp Francis, qui n'avait pas l'air de l'écouter et à qui le roi ne semblait pas faire attention, écrivait toujours. Il y eut un moment où George III se rappela la présence de son secrétaire; il fit mouvoir le ressort du tiroir secret que nous avons mentionné, en tira plusieurs feuilles volantes et dit à sir Philipp Francis :

« Tenez, voyez ceci, voyez ! »

Sir Philipp Francis laissa échapper un mouvement de joie ; il prit les feuilles indiquées, les examina, les analysa, et les remit ensuite à Georges III, qui les replongea dans la cachette avec un air de mystère.

Quelques minutes après, le roi tomba épuisé dans son fauteuil et s'endormit d'un profond sommeil.

Lorsque Georges III se réveilla, sir Philipp Francis était encore là, écrivant toujours. Le roi parut calme et sans aucun souvenir de la scène qui venait d'avoir lieu.

« Ah ! sir Philipp, dit-il, je vous avais fait mander... Je voulais travailler avec vous, mais je me sens fatigué !... Il y a eu séance de Conseil.

— Je le sais, répondit sir Philipp Francis ; on a décrété l'arrestation de Woodfall. Cette mesure ne conduira à rien, pas plus que celle qu'on a prise contre Wilkes.

— Pourqui cela, Monsieur ? dit le roi.

— Parce qu'on emploiera la violence et l'illégalité, répondit sir Philipp.

— Mais que faire alors ? s'écria le malheureux roi.

— Renvoyer vos ministres, Sire, » répondit audacieusement sir Philipp ; et, saluant profondément le souverain stupéfait, il demanda la permission de se retirer.

« Renvoyer mes ministres ! répéta longtemps Georges III ; renvoyer mes ministres !... sir Philipp Francis en parle bien à son aise. Je voudrais qu'il fût à ma place ! »

Georges III passa la nuit à réfléchir.

Le lendemain, le duc de Grafton était en défaveur et donnait sa démission. Sir Philipp Francis, qui le rencontra, lui dit :

« La retraite de Votre Grâce ne s'est pas fait attendre.

— Elle ne sera pas de longue durée, répondit le duc, et vous n'êtes pas encore membre du conseil de Calcutta.

— Je le serai, répondit sir Philipp Francis.

— C'est ce que nous verrons, Monsieur. Vous voulez aller loin ; je crains que vous n'alliez haut. »

Et il indiqua par un geste expressif la position d'un homme que l'on pend.

« La corde pour moi ? reprit sir Philipp ; vos aïeux sont habitués à la hache..... Voilà les priviléges du rang ! Quelle injustice ! »

Le duc de Grafton eut peine à contenir sa colère. Il la réprima néanmoins.

Le premier ministre avait conçu de violents soupçons sur Philipp Francis. Les divers renseignements qu'il avait pu se procurer semblaient établir une identité entre lui et Junius. C'était un ancien condisciple de Woodfall. L'écriture de sir Philipp ressemblait à celle de l'écrivain pseudonyme. Le gentilhomme qu'on avait suivi, après la lettre jetée un jour dans l'imprimerie, était de la même taille que sir Philipp. L'instruction de ce dernier, son talent d'écrivain, son caractère satirique, la vivacité habituelle de ses reparties, les mille bruits de la cour que ses entrées chez le roi lui permettaient de connaître, sa participation aux affaires du gouvernement dans les bureaux de la Guerre, tout établissait contre lui de fortes présomptions.

Était-ce, en effet, sir Philipp Francis ?

La manière dont le duc de Grafton venait de parler et l'accent qu'il y avait mis parurent avoir jeté une ombre sur le front de sir Philipp, mais cette ombre se dissipa au bout de quelques jours, quoique la disgrâce du duc ne se prolongeât pas, comme on l'avait prévu, car la faiblesse du roi rendit au ministre toute son autorité.

Le procès contre Woodfall se poursuivait. Pendant ce temps-là, Junius se taisait pour ne pas aggraver la position de son éditeur; cependant il ne put garder longtemps le silence. Il prit à partie lord Mansfield, le chef de la justice, comme il avait pris le duc de Grafton, lord Granby, le duc de Bedford. Il fut amer et violent; il prédit l'insuccès de ses adversaires, et le zèle qu'on apportait à la vengeance la fit manquer, en effet. Woodfall échappa, par un incident, à la condamnation.

Junius triomphait. Était-ce sir Philipp? On l'épiait, on le surveillait avec la plus grande activité : il n'avait pas l'air de s'en douter; on l'entourait de guet-apens : il les évitait adroitement. Cependant, un soir, au fond d'une allée obscure où Junius devait déposer une lettre foudroyante que Woodfall avait reçu l'avis d'envoyer prendre, des agents de police enveloppèrent un mystérieux gentilhomme. Il se couvrit la tête de son manteau, tout en mettant l'épée à la main; il blessa plusieurs personnes, se fit un passage et s'enfuit. On crut reconnaître sir Philipp. Le duc de Grafton, en apprenant cette nouvelle, en éprouva une grande joie. Il était donc sur les traces de son ennemi !

Muni de toutes les indications qui faisaient soupçonner que sir Philipp n'était autre que Junius, le duc se rendit immédiatement chez le roi. Il y trouva sir Philipp Francis écrivant sous la dictée de George III avec un air de grande tranquillité.

« Sire, s'écria le duc en entrant, Sire, Junius est démasqué.

— Enfin ! dit le roi. Qui donc est-ce? Lord Sackville ? lord Temple? lord Chatam, peut-être ? »

Et le roi nomma toutes les personnes qui avaient éveillé des soupçons.

« Non, Sire, non; ce n'est aucun de ceux-là.

— Nommez le donc? reprit le roi.

— C'est sir Philipp Francis ! répondit le duc de Grafton, avec un sourire de haine et de satisfaction.

— Sir Philipp Francis! dit le roi.

— Lui-même.

— Vous vous trompez, monsieur le duc, repartit sir Philipp Francis en se levant. Junius, c'est le roi !

— Moi ! dit Georges III, moi ! Vous êtes fou, sir Philipp.....

— Non, poursuivit sir Philipp, ce n'est pas ma raison qui est troublée ; je sais ce que je fais à tous les moments de mon existence. Votre Majesté n'a pas le même bonheur ; mais, dans toutes les critiques amères qui ont pu échapper à l'effervescence de son esprit, il n'y a rien qu'un honnête homme puisse désavouer. La folie de Votre Majesté est la folie du bien, le désir de voir son peuple heureux. Cette folie sera l'éternel honneur de l'Angleterre. »

Georges III et le duc de Grafton regardaient sir Philipp avec un indicible étonnement. Son sang-froid était merveilleux.

Sir Philipp, sans perdre son assurance, se dirigea vers le tiroir secret, le fit mouvoir, prit quelques feuilles, et montra écrits de la main même du roi les brouillons informes des fameuses lettres auxquelles il avait prêté tout l'atticisme de son style.

Les observations du roi l'emportaient en véhémence, sinon en élégance et en correction, sur les lettres imprimées dans le *Public Advertiser*.

Georges III et le duc de Grafton restaient confondus.

Le roi, rappelant ses souvenirs, et reconnaissant d'ailleurs son écriture, dit :

« C'est vrai, c'est vrai. »

Le duc de Grafton ne savait quelle contenance tenir devant cette découverte imprévue.

« Monsieur, dit-il enfin, vous avez singulièrement abusé de la situation d'esprit du roi. Vous serez puni.

— Vous voulez un procès ? reprit sir Philipp Francis. Je ne demande pas mieux. Nous verrons comment vous attaquerez en public l'opinion de votre souverain et non plus celle de Junius.

— Un procès ! s'écria le roi, qui avait horreur des procès ; qui est-ce qui parle de procès ? »

Le duc de Grafton réfléchit un instant ; puis, prenant la plume, il écrivit quelques mots qu'il remit à sir Philipp Francis.

« Ma nomination au conseil de Calcutta ! reprit celui-ci. Je remercie Votre Grâce. Cette nomination fait honneur à son intelligence, quoiqu'elle ait mis du temps à comprendre ma valeur. »

Le duc de Grafton ne répondit rien..... Il se mordit les lèvres.

« Il n'y aura pas de procès, dit le roi, il n'y aura pas de procès !

— Non, Sire, répondit sir Philipp ; Junius demeurera toujours inconnu. Je mourrai, sans trahir ce secret. Junius sera le Masque de fer de l'Angleterre. »

HIPPOLYTE LUCAS.

LE CHIEN DU ROI

De temps immémorial, il y avait marché aux oiseaux, sur le Pont-au-Change, à Paris, les dimanches et fêtes.

Le Pont-au-Change n'était pas tel que nous l'avons vu avant sa démolition, un beau pont de pierres solidement construit, qui n'avait rien à craindre des grandes eaux ni du choc des glaçons : il était en bois, bâti sur pilotis, et quoiqu'il eût été souvent endommagé ou renversé par les inondations, il portait deux rangs de maisons qui le bordaient, et lui donnaient l'aspect d'une rue moins étroite et moins sale que les autres.

Ces maisons étaient la propriété exclusive des orfévres et des changeurs, qui y demeuraient par privilége et qui y avaient leurs forges, leurs magasins et leurs boutiques. Aussi, disait-on que le Pont-au-Change était plus riche à lui seul que tout Paris.

Cependant, ces orfévres et ces changeurs qui possédaient tant d'or et tant d'argent, et que leur richesse rendait si fiers, étaient obligés de souffrir que les oiseliers ou marchands d'oiseaux suspendissent leurs cages devant toutes les maisons du Pont-au-Change. Il est vrai que dimanches et fêtes les forges des orfévres étaient silencieuses et que les boutiques des changeurs ne s'ouvraient pas ; et ces jours-là, les habitants du Pont-au-Change se renfermaient dans leurs demeures pour éviter tout conflit avec les oiseliers. Ceux-ci, qui avaient eu de grandes querelles avec eux à cause du marché aux oiseaux, disaient, pour se venger, que les changeurs étaient des juifs et les orfévres des hérétiques.

Or, un dimanche du mois d'août de l'année 1348, le marché aux oiseaux avait attiré bien peu d'acheteurs, quoiqu'il fît un soleil magnifique et que les cages accrochées aux volets des fenêtres et aux portes des boutiques offrissent un brillant choix d'oiseaux de toute espèce.

SIR EDWIN LANDSEER R.A. PINXT — C. LEWIS. SC.

LE CHIEN DU ROI

Mais, chose étrange! ils ne chantaient pas, ils ne voltigeaient pas, comme à l'ordinaire : ils avaient tous l'air triste et malade.

« Nos oiseaux et nous, ne sommes-nous pas ensorcelés! dit en grommelant une petite vieille acariâtre, au regard de vipère. Nous ne vendrons pas une hirondelle!

— Si les autres vendaient plus que nous! reprit flegmatiquement un grand jeune homme en haillons, qui paraissait absorbé dans ses rêveries. C'est un sot métier que celui d'oiselier.

— Sot métier! répliqua la vieille, en haussant les épaules. Il était bon autrefois, et on pouvait en vivre. Mais le monde devient méchant : il n'aime plus les oisillons.

— On ne se soucie d'acheter des oiseaux, quand on attend la visite de la mort noire!

— Qu'est-ce que c'est que la mort noire, Jacquet?

— Mère, c'est l'épidémie, c'est la peste! répondit d'un air sinistre l'oiselier qui avait levé ses regards vers la maison devant laquelle il exposait habituellement ses cages.

— Que le Seigneur-Dieu nous protége! murmura la vieille, en faisant deux ou trois signes de croix. Est-il donc vrai que nous soyons menacés de mourir de la peste? On disait bien que tout était mort dans des pays lointains où il n'y a que des païens et des juifs; mais dans cette bonne ville de Paris qui renferme tant d'églises, tant de saintes personnes...

— Et tant de juifs aussi! interrompit l'oiselier, en montrant du geste les maisons.

— Ah! si la peste n'atteignait que ces gens-là! repartit la vieille avec un rire affreux.

— Et si nous étions leurs héritiers! ajouta le jeune homme, en fronçant ses sourcils épais et en mordant ses lèvres pâles. Je te le disais bien, mère, nous avons un mauvais métier, et j'y renonce, pour devenir riche à mon tour.

— Riche! Ah! mon ami, nous sommes nés pauvres, et pauvres nous mourrons! »

En ce moment, les oiseliers, qui étaient assis ou couchés auprès de leurs cages, se levèrent l'un après l'autre pour aller au devant d'un pèlerin vêtu d'une ample casaque de bure noire parsemée de coquilles d'huîtres, coiffé d'un grand chapeau de feutre blanc, et portant à la main un bourdon ou bâton de voyage surmonté d'une croix.

Ce pèlerin, vieillard vénérable, dont la barbe blanche descendait jusqu'à la ceinture, arrivait du côté du Nord, en passant sous la voûte du Grand-Châtelet, cette antique forteresse bâtie par Jules César, pour défendre l'entrée du pont et de la Cité.

On devinait, à voir sa chaussure et ses vêtements couverts de poussière, qu'il avait beaucoup marché par les chemins, avant d'entrer dans Paris, dont les rues étaient toujours fangeuses, même au milieu de l'été.

« Bonnes gens qui m'écoutez, disait-il d'une voix lugubre, en faisant tinter une clochette, faites pénitence, préparez-vous au jugement de Dieu, car la mort est proche!

— Jacquet, dit la vieille à son fils, voici un saint homme qui nous apporte des indulgences de Notre-Dame de Boulogne ou de quelque autre bienheureux pèlerinage.

— M'est avis qu'il nous apporte la peste! répliqua Jacquet, haussant les épaules.

— Ah! mon cher fils, pourquoi n'as-tu pas plus de dévotion? Ne t'ai-je pas fait baptiser? Ne t'ai-je pas élevé en bon chrétien? Mais le diable te souffle au cœur l'esprit de perdition, et tu deviens pire tous les jours. Ainsi, au lieu d'aller à la pipée et de dénicher des oiseaux, tu hantes les tavernes et tu te laisses aller à la paresse, à l'ivrognerie...

— Ne grondez pas, mère! voici tout à l'heure le moment où je m'adonnerai à une chasse plus profitable que celle des merles, des pies et des rouges-gorges.

— Eh! quelle chasse sera-ce, s'il vous plaît?

— La chasse aux juifs, mère. Dès que la peste éclatera, nous tuerons tous les juifs.

— Au fait, reprit la vieille avec indifférence, ce n'est pas commettre péché mortel, que de tuer tous ces mécréants qui ont crucifié notre divin Sauveur. »

La foule grossissait autour du pèlerin, qui continuait à parler au peuple en agitant sa clochette, et ses paroles, prononcées avec un air inspiré et d'un accent lamentable, produisaient une si vive impression sur les auditeurs, que chacun y répondait par des signes de croix, et mettait la main à l'escarcelle pour en tirer quelques pièces de monnaie qu'il glissait dans l'aumônière de l'éloquent vieillard.

La marchande d'oiseaux, quoiqu'elle n'eût rien entendu de ce que disait le pèlerin, se signa et fit une prière. Elle invita son fils à s'informer de ce qui se passait. Celui-ci ne se décida pas sans peine à quitter sa position horizontale; il se releva en bâillant et s'achemina, traînant la jambe, vers le groupe qui s'était formé sur le passage du pèlerin.

La vieille ne remarqua pas sans inquiétude qu'il portait sous ses habits un grand coutelas dans une gaîne de cuir suspendue à son cou.

Tout à coup on vit s'entr'ouvrir doucement un des volets qui fermaient la fenêtre de la boutique du changeur, près de laquelle était accroupie la Dressière (c'est ainsi qu'on nommait la vieille oiselière, sans doute à cause de son habileté dans l'art de dresser des oiseaux). Le volet ainsi entr'ouvert, sans qu'elle s'en aperçut, une tête blonde et rose de jeune fille se montra au dehors et se retira presque aussitôt, de crainte d'être vue.

Mais tous les yeux, comme tous les esprits, étaient alors tournés vers ce pèlerin, qui redoublait ses allocutions et sa sonnerie; personne n'avait pu voir qu'un volet de la boutique était entre-bâillé, et que la fille du changeur regardait avec précaution dans la rue.

Le changeur se nommait Spalato; il était originaire de Milan : on le disait juif, parce qu'il était Lombard et qu'il possédait une fortune considérable. Il avait une fille unique, de douze ans, qu'il préférait à tous ses trésors. C'était pour elle seule qu'il songeait à s'enrichir encore, quoiqu'il fut déjà le plus riche des changeurs du Pont-au-Change.

Olympia, qui avait perdu sa mère en naissant, était bien digne de la tendresse exclusive et fanatique de son père. La Providence l'avait douée de toutes les qualités délicates et sensibles qui font la noblesse de l'âme. C'était en elle-même qu'elle trouvait naturellement les généreuses inspirations qui dirigeaient sa conduite et suppléaient à l'expérience de la vie. Elle était bonne, bonne par excellence, c'est tout dire. La bonté que Dieu jette en germe dans le cœur de quelques êtres privilégiés est la source inépuisable de toutes les vertus humaines.

Elle vivait renfermée et isolée dans la maison de son père, qui la gardait comme un avare garde son or, et qui semblait jaloux de toutes les personnes auxquelles il était forcé de la montrer : on eût dit qu'il appréhendait qu'on ne la lui enlevât.

Il ne lui permettait pas de sortir sur le pont, ni de mettre la tête aux fenêtres, du côté de la rue; il ne la laissait jamais paraître dans la boutique, qui restait ouverte, suivant les ordonnances du prévôt des marchands, sans vitres et sans rideaux, afin que tous les passants fussent admis à surveiller les opérations du changeur et de l'orfévre.

Elle ne bougeait donc pas de sa petite chambre, située sur le derrière de la maison, et dont l'étroite fenêtre avait vue sur la rivière en face du pont Notre-Dame; elle n'avait pas d'autre distraction que de regarder les bateaux qui montaient ou descendaient la Seine.

Mais son père, pour la dédommager de la solitude à laquelle il la condamnait, non-seulement la comblait de présents splendides en étoffes de soie, en fourrures, en joyaux : mais encore il lui donnait sans cesse de l'or et de l'argent, qu'elle n'aurait jamais pu dépenser, si elle n'eût pas fait l'aumône. C'était là son seul plaisir.

« Hé ! la bonne Dressière ! dit-elle, en évitant de se laisser voir derrière le volet.

— O ma belle et charitable demoiselle ! répondit l'oiselière qui avait reconnu la voix de sa jeune bienfaitrice : je rends grâces à Dieu et à Notre-Dame de ce que vous ne m'avez pas oubliée ! Les temps sont bien durs et les hommes bien méchants.

— Je n'en sais rien, répondit naïvement la candide jeune fille; mais je m'aperçois seulement que les oiseaux ne chantent pas.

— Ils ont perdu la voix, car la fin du monde est proche. On ne vend plus d'oiseaux !

— Vous les soignez mal et vous les faites jeuner, ces pauvres oiselets ?

— Le chènevis et le mil sont chers, mais je m'ôterais le pain de la bouche plutôt que de diminuer la pitance de mes bêtes. Je n'ai pas aujourd'hui un denier vaillant...

— Tenez, bonne Dressière, voici quelques écus royaux qui vous aideront à vivre, ainsi que vos oiseaux, jusqu'à dimanche prochain. Vous êtes vieille et débile, ma brave femme; vous avez besoin d'une nourriture saine et abondante, de vin généreux... »

Une petite main blanche s'allongea hors de l'ouverture du volet, et la vieille oiselière, après s'être assurée que Jacquet ne regardait pas de ce côté, tendit sa main sèche et jaune pour recevoir les pièces d'or qui lui étaient destinées et qu'elle fit disparaître dans une bourse où elle avait amassé déjà une somme assez ronde, à l'insu de son fils.

« Boire du vin ! reprit-elle en soupirant : le vin n'est pas fait pour les pauvres gens, mais la rivière coule pour tout le monde, et nous ne craignons pas de mourir de soif.

— Et votre fils, Dressière, est-il toujours aussi dissolu, aussi démoniaque ?

— Vous l'avez dit, ma belle, il a certainement un démon, voire deux ou trois, dans le corps. Il fréquente la vilaine compagnie, à la perte de son âme; il connaît tout ce qu'il y a de joueurs, de blasphémateurs, de larrons, dans la bonne ville de Paris; il n'entre pas en une église; il garde ses vieux péchés sur sa conscience.

— Espérons que le bon Dieu lui accordera de se repentir... Quant à moi, il me fait une si belle peur, que je me précipiterais dans la rivière pour lui échapper, si je me voyais seule avec lui, quand il roule ses gros yeux.

— Il n'est pas si méchant qu'il en a l'air, et il ne tuera jamais que des juifs...

— Oh! le mauvais garçon! s'écria Olympia indignée : quelle différence y a-t-il entre le sang d'un juif et celui d'un chrétien?

— Ne dites pas cela, ma mie, vous passeriez pour hérétique. Au surplus, si la peste vient à Paris, mon fils Jacquet assure qu'on tuera tous les juifs.

— Dressière, dit la jeune fille avec une sévérité empreinte de tristesse, je vous plains d'être chrétienne et d'avoir des sentiments si peu chrétiens! »

En parlant ainsi, elle voulut mettre fin à un entretien qui lui était pénible, et elle referma brusquement le volet qu'elle tenait entre-bâillé. La secousse imprimée au volet détacha deux cages qui y étaient accrochées. Les cages, en tombant, se brisèrent sur le pavé; plusieurs oiseaux furent tués, d'autres blessés, tous épouvantés.

On accourut à leurs cris plaintifs, auxquels se mêlaient les imprécations de la Dressière. Jacquet, qui venait rendre compte à sa mère des pieuses et menaçantes prédications du pèlerin, entendit le bruit de la chute des cages; il les vit brisées, il vit les oiseaux morts. La colère s'empara de lui, et ses yeux lancèrent des éclairs.

« Mort diable! s'écria-t-il d'une voix retentissante : ces maudits juifs n'ont plus longtemps à vivre, puisque l'épidémie est à Paris.

— L'épidémie! répéta la vieille, qui, à ce nom terrible, ne songea plus à ses oiseaux.

— Oui, mère, la peste, la peste noire! dit Jacquet en ricanant; nous mourrons tous, mais auparavant on tuera les juifs, et nous nous partagerons leurs dépouilles.

— La peste! mon Dieu! reprit l'oiselière, en gémissant. Il faut nous mettre en état de faire une bonne mort! Écoute, Jacquet, tu ne joueras plus aux dés, tu ne t'enivreras plus, tu ne blasphémeras plus, tu ne hanteras plus les mauvais garçons...

— Mère, je ne suis plus oiselier, interrompit le jeune homme en s'exaltant par degrés; adieu, cages et oiseaux! Vive l'épidémie et mort aux juifs! »

En poussant ces vociférations sauvages, il renversa et mit en pièces, à coups de pied, toutes les cages que sa mère essayait en vain de protéger.

« Çà, criez, piaillez, chantez, mes mignons! hurlait Jacquet. La peste noire est à Paris! Tout le monde s'en va mourir, mais les juifs mourront les premiers!

— Méchant! lui dit sa mère en essayant de sauver quelques-uns de ses oiseaux : que t'ont fait ces pauvres bêtes! Tue les juifs, si c'est ton envie, mais épargne nos oisillons!

— Mère, reprit-il en lançant des pierres dans les fenêtres des maisons du Pont-au-Change, c'est le pèlerin qui a dit que la peste était arrivée ici par la malice des juifs.

— Hélas! qu'allons-nous devenir? s'écriait la vieille : voilà nos oiseaux morts et nos cages rompues! Qui est-ce qui nous donnera du pain pour vivre!

— Ne t'afflige pas, mère, repartit Jacquet avec un air de résolution féroce; je ne suis plus oiselier, te dis-je : je suis galant compagnon, je suis beau joueur de couteau, et je vais mettre à feu et à sang les hôtels des juifs. »

Le pèlerin continuait sa marche, en psalmodiant les prières des morts, et tous les oiseliers, qui avaient écouté ses sombres prédictions, le suivaient dans un morne silence, la tête basse et les mains jointes, en formant derrière lui une sorte de procession funèbre. Soudain il se fit une rumeur dans la foule ; de toutes parts, on entendait répéter ces mots :

« C'est la bonne reine Jeanne qui s'en va visiter les malades à l'Hôtel-Dieu. »

La peste avait éclaté à Paris depuis plusieurs jours, et l'Hôtel-Dieu était déjà encombré de morts et de mourants.

Cette épidémie, qu'on appelait la peste noire, parce que ceux qui en mouraient avaient tout le corps couvert de taches noirâtres, s'était engendrée dans les marécages que traverse le fleuve du Gange; elle avait d'abord ravagé l'Asie, au sortir de son berceau ; puis, elle s'était mise en marche pour faire le tour du monde, en abattant sur son passage les populations, et en répandant au loin l'épouvante, la misère et le deuil.

Partout la médecine s'était déclarée impuissante à combattre ce mal inconnu, qui souvent foudroyait ses victimes en un seul instant, et qui quelquefois les faisait languir plusieurs jours en se traduisant par d'horribles symptômes. La charité chrétienne osait seule braver en face le danger et apporter des soins ou des consolations aux malheureux, qui devenaient des objets d'effroi pour leurs propres parents, et qui eussent péri abandonnés si la religion n'était pas venue à leur secours.

Cependant l'ignorance grossière, qui régnait dans toutes les classes de la société, avait porté de tristes fruits : le bruit s'était propagé, que les juifs n'étaient pas étrangers à l'épidémie, qui pourtant les atteignait comme tout le monde. C'étaient eux, disait-on, qui, en haine des chrétiens, empoisonnaient les eaux des fleuves, des fontaines et des puits; c'étaient eux, qui, par des invocations magiques, créaient des germes de mort dans l'air, et travaillaient ainsi à détruire l'espèce humaine, dans l'espoir d'anéantir avec elle l'Église de Jésus-Christ. Ces calomnies absurdes n'avaient trouvé que trop de crédit dans toutes les localités où la peste s'était montrée ; il en était résulté un massacre général des juifs.

C'est là ce qui serait arrivé à Paris, si le roi Philippe de Valois, prince sage et juste, qui occupait alors le trône de France, n'avait pris des mesures énergiques pour défendre une partie de ses sujets contre les aveugles emportements de l'indignation populaire.

La reine Jeanne de Bourgogne, la plus vertueuse et la plus charitable des reines, ne fut certainement pas sans influence sur l'esprit de son mari, qui annonçait la ferme intention de protéger les juifs, en dépit des préjugés de la nation entière.

Mais les Juifs, ne croyant pas être en sûreté au milieu d'une ville que la peste avait envahie, s'étaient empressés d'en sortir; les Lombards et tous les riches commerçants étrangers, qui craignaient de se voir, à tort ou à raison, stigmatisés du nom de juifs et enveloppés dans la persécution que la race israélite avait vue tant de fois se renouveler à son égard, s'étaient empressés aussi de partir avec leurs trésors.

Les orfévres et les changeurs du Pont-au-Change avaient tous quitté leurs maisons. Spalato seul était resté, de peur d'exposer à mille dangers ce qu'il avait de plus précieux au monde, sa fille. Il avait congédié ses commis, afin de diminuer autour de lui les chances de mort, car il savait, par les avis de ses correspondants d'Italie, où la peste noire faisait d'affreux ravages, que cette épidémie était surtout contagieuse.

Il s'était donc déterminé à demeurer prisonnier dans sa maison avec sa fille Olympia, tant que durerait le fléau; il avait eu la précaution de faire de grands amas de vivres; il avait ensuite barricadé sa porte et fermé tous les volets des fenêtres, comme si le logis était inhabité. Il avait fait plus : dans le but d'écarter les malfaiteurs qui auraient eu la pensée de pénétrer la nuit dans cette maison déserte, il avait cloué une croix de bois noire à l'extérieur de la porte d'entrée, pour faire reculer les voleurs eux-mêmes, en leur indiquant par là que la maison avait été visitée par la peste noire.

Spalato vivait dans les transes, en comptant son or et en regardant sa fille.

« Chère Olympia, lui disait-il, nous n'avons rien à craindre ici, pourvu que l'on ignore absolument que nous y sommes. Garde-toi bien de te montrer aux fenêtres, marche doucement, ne fais pas le moindre bruit; dors, prie ou travaille.

— O mon bien-aimé père, reprit-elle en versant des larmes, je ne me lasse pas de prier pour ceux qui souffrent ou qui meurent! Je ne puis m'empêcher de penser sans cesse aux pères qui perdent leurs enfants et aux enfants qui perdent leurs pères.

— Ah! que m'importe la vie de tout ce que Paris renferme de gens! s'écriait Spalato : il n'y a ici-bas qu'une vie qui m'intéresse, c'est la tienne, ô mon enfant!

— Ne dites pas cela, mon père, car c'est offenser Dieu, qui nous prescrit d'aimer notre prochain comme nous-même. »

Le changeur serra dans ses bras Olympia; il sentait ses yeux se remplir de larmes et il s'éloigna pour les lui cacher.

Olympia, après une longue et fervente prière, s'approcha d'une étroite fenêtre qui donnait sur la rivière; elle entre-bâilla le volet que son père avait fermé hermétiquement; elle éprouvait le besoin de respirer un peu d'air. Mais l'atmosphère était embrasée, et le soleil dardait d'aplomb sur le fleuve, d'où s'exhalaient des émanations fétides; l'eau était si basse que les pilotis qui soutenaient le Pont-au-Change montraient à découvert leur pied verdâtre rongé par les eaux.

La jeune fille s'était penchée machinalement et regardait au-dessous d'elle, quand elle aperçut entre les pilotis deux hommes qui s'efforçaient de noyer un chien.

Le chien, un grand dogue des Pyrénées, au poil noir et frisé, faisait bonne résistance et tenait tête de son mieux à ses deux bourreaux; mais il était solidement musclé, et ses pattes de derrière avaient été liées à celles de devant avec de fortes cordes, de sorte qu'il ne pouvait se défendre comme il l'aurait fait s'il avait eu la liberté de ses mouvements. Il ne pouvait pas même aboyer, mais ses yeux intelligents exprimaient tour à tour la menace et la fureur, la plainte et la prière. Le pauvre animal venait d'entendre le bruit du volet qu'on avait ouvert, et il tournait de ce côté ses regards suppliants.

Un de ces regards alla au cœur de la jeune fille, qui se sentit émue et indignée du traitement cruel qu'on exerçait sur ce malheureux chien. En ce moment les deux individus qui s'acharnaient à sa perte achevaient de lui attacher au cou une énorme pierre.

« Méchants ! leur cria Olympia, en se penchant davantage à la fenêtre : ne savez-vous pas que le bon Dieu vous voit? »

Les deux complices, à cette interpellation imprévue, levèrent les yeux et aperçurent Olympia qui se repentait de leur avoir adressé la parole, mais qui, rouge et confuse, n'osa pas se retirer, sans avoir sauvé le chien qui la regardait avec une touchante expression.

Des deux hommes qui le tenaient captif, l'un était bien connu d'Olympia : c'était Jacquet, l'oiselier; l'autre portait la livrée du roi, aux couleurs bleue et rouge, avec l'écusson fleurdelisé sur la poitrine : c'était un de ceux qu'on appelait *valets de chien*.

Jacquet n'avait pu réprimer un geste de surprise et de joie, en voyant apparaître Olympia, qu'il croyait, comme tout le monde, éloignée de Paris avec son père.

« Que vous a fait ce pauvre chien, demanda la fille du changeur, pour que vous ayez résolu de le mettre à mort?

— C'est le chien favori du roi notre sire, ma gentille damoiselle, répondit le valet de la vénerie royale; mais, par malheur, il est galeux, et les médecins n'ont pas le temps de guérir les chiens, quand ils ne suffisent plus à soigner les hommes.

— Qui n'a de la pitié pour les bêtes, répliqua Olympia, n'en aura pour les gens.

— Bêtes et gens, reprit Jacquet, c'est même chose quand la mort y a passé!

— Oh! le vilain blasphémateur! s'écria la jeune fille que l'insolence de l'oiselier n'intimida pas... Écoutez, ajouta-t-elle par une inspiration soudaine : vendez-moi ce chien?

— De grand cœur je vous le donne! repartit le valet subjugué par le son de voix de cette charmante enfant.

— Et moi, interrompit brutalement Jacques, je vous le vends... Oui, deux écus d'or, c'est marché fait.

— Je vous en promets cinq, dit-elle, à condition que vous m'aiderez à le faire entrer par la fenêtre, car la porte de la rue est barrée et ne s'ouvre pas. »

Elle s'empressa de mettre à exécution l'idée qui venait de naître subitement dans son esprit; elle sortit de la chambre où elle était, pour monter à pas de loup dans le grenier, au balcon duquel une poulie extérieure servait à descendre les barils pleins de métaux précieux que le changeur faisait transporter secrètement hors de Paris.

Elle déroula lentement la corde dont l'extrémité, armée d'un crochet de fer, se trouvait par hasard encore garnie d'un panier, à l'aide duquel Spalato avait introduit dans sa maison les approvisionnements nécessaires pour trois ou quatre mois de réclusion. Puis, elle attendit avec anxiété que le marché qu'elle avait conclu fut exécuté de part et d'autre, car elle avait mis dans le panier les cinq écus d'or qui devaient racheter la vie du chien du roi.

Ce marché n'eût pas reçu son exécution, si la chose avait dépendu seulement de Jacquet; mais le valet de la vénerie royale tint la main à ce que la fille du changeur ne fût pas trompée dans son attente. Le chien attaché dans le panier, sans qu'il essayât de rompre ses liens, semblait comprendre qu'une bonne âme s'intéressait à lui.

« Grand bien vous fasse, mignonne ! cria Jacquet : les chiens et les juifs sont frères ! »

Le chien était déjà en haut, et Olympia employait toutes ses forces à le hisser jusqu'à la plate-forme du grenier, lorsqu'elle entendit l'insulte que l'oiselier lui envoyait en récompense de son humanité. Elle fut sur le point de perdre courage et de renoncer à sa généreuse entreprise : la corde glissa dans ses mains tremblantes.

« Cinq écus d'or pour un chien galeux ! disait en ricanant l'implacable oiselier. Nous verrons bien quelle sera la rançon d'un juif. »

Olympia ne prenait pas garde à ces invectives ; elle avait réussi enfin à mettre en sûreté le pauvre animal qu'elle venait d'arracher à une mort certaine. Elle hésita d'abord à le toucher, car elle se rappela qu'il devait être galeux ; mais, en l'examinant elle n'eut pas de peine à s'assurer qu'il ne portait aucune trace de la maladie dégoûtante qui l'avait fait condamner à périr. C'était au contraire le plus beau chien du monde, aussi sain qu'il pouvait l'être et d'une propreté exquise.

La jeune fille comprit que, pour vouloir se défaire de ce superbe animal, il avait fallu obéir à une inspiration diabolique de méchanceté. Déjà le chien était délivré de sa muselière et des cordes qui le garottaient ; aussitôt qu'il se vit libre, les yeux remplis de larmes, il se traîna aux pieds d'Olympia, et, remuant la queue en signe de joie, il poussait de petits cris plaintifs, entrecoupés de soupirs qui avaient quelque chose d'humain.

« O mon brave chien ! s'écria la jeune fille, émue de ces témoignages de reconnaissance, tu ne me quitteras plus, et tu ne regretteras pas ici le pain du roi. »

Spalato, qui était renfermé au rez-de-chaussée avec son or, ne se trouvait pas tellement absorbé dans ses calculs de banque et de change, qu'il ne put distinguer les bruits du dehors, la voix stridente de Jacquet, le grincement de la poulie de la corde gémissant sous le poids du fardeau qui s'élevait en oscillant dans les airs.

Il prêta l'oreille et crut reconnaître, entre ces bruits inexplicables, la voix de sa fille ; c'en fut assez pour le tranquilliser. Mais voici des plaintes, des sanglots, des cris étranges qui se font entendre dans l'intérieur de la maison. Il se lève terrifié :

« Ma fille ! mon Olympia ! » s'écrie-t-il, appréhendant quelque terrible événement.

Il court, ou plutôt il se traîne en chancelant jusqu'à la chambre de sa fille : la chambre est vide ; les cris et les gémissements redoublent. Les forces lui manquent, il se sent mourir. Mais l'espoir d'arracher sa fille à un danger qu'il suppose imminent lui rend l'énergie dont il a besoin pour arriver jusqu'à l'endroit où Olympia se cache à ses yeux. Il la trouve enfin dans le grenier, il la voit agenouillée près d'un grand chien noir qui lui lèche les mains et qui se livre à tous les transports d'une joie délirante. La corde déroulée qui pend à la poulie, le panier qui tient à cette corde, ce chien inconnu qui apparaît pour la première fois dans la maison, tout explique à Spalato l'imprudence de sa fille ; mais, du moins, il est rassuré à l'égard d'Olympia.

« Cher et vénéré père, lui dit-elle avec enjouement, voici un nouvel ami que la Providence nous envoie. C'est moi qui lui ai sauvé la vie : il le comprend et il m'en remercie.

— O mon Olympia! reprit tristement le vieillard, je donnerais tout ce que je possède, pour que ce chien ne fût jamais entré dans notre demeure !

— Eh pourquoi! je vous prie, mon excellent père? N'est-ce pas le plus beau, le plus intelligent des chiens ? Il n'est pas malade, comme disaient ceux qui voulaient le jeter à l'eau. Sais-tu que c'est le chien favori du roi notre Sire ?

— C'en est fait, ma fille, répliqua le changeur avec une poignante préoccupation ; je n'aurai plus une heure de tranquillité d'âme. Dieu fasse, mon enfant, que ta désobéissance à mes ordres ne nous porte pas malheur à tous deux ! »

Olympia n'était pas accoutumée aux reproches, de la part de son père, qui n'avait pour elle que des caresses et des paroles tendres. Elle reconnut sa faute et versa des larmes de repentir, que le vieillard s'empressa d'essuyer sous ses baisers.

« Eh ! que peux-tu craindre ? dit-elle d'une voix qu'elle s'efforçait de rendre persuasive : ce chien ne nous apporte pas la peste, et nous aurons en lui un fidèle gardien. »

Spalato lui permit donc de conserver le chien qu'elle avait sauvé, et qui devint dès ce jour-là le commensal du logis. Ce fut Olympia qui se chargea de lui donner les soins les plus attentifs et les plus assidus. Elle l'avait nommé *Néret*, à cause de la couleur de son poil noir, et l'animal répondit aussitôt à ce nom, comme s'il n'en avait jamais eu d'autre.

Il ne s'éloignait pas un instant de sa jeune maîtresse qu'il contemplait sans cesse avec des yeux humides de larmes : le jour, il se tenait assis devant elle ; la nuit, il veillait au chevet de son lit ; il n'aboyait jamais, il soupirait quelquefois.

Une nuit, Olympia s'éveille en sursaut ; un bruit inusité qui la glace de terreur s'élève de la chambre de son père ; ce sont des cris inarticulés qu'elle croit entendre. Elle s'élance hors de son lit et cherche ses vêtements dans les ténèbres pour s'en couvrir à la hâte.

Le chien est en arrêt devant la porte : il souffle et gronde ; il attend un adversaire qui ne se présente pas. Olympia appelle son père, sans obtenir de réponse.

Le bruit redouble à l'étage inférieur : les plaintes ont cessé, mais des voix et des pas d'hommes annoncent que la maison est envahie par des étrangers qui brisent les coffres et mettent tout au pillage. La fille du changeur a compris que son père est mort, puisqu'il n'est pas là pour la défendre.

« Mon père ! s'écrie-t-elle avec l'accent d'un profond désespoir : mon malheureux père ! »

Puis, courant à une fenêtre qui s'ouvre sur le Pont-au-Change, elle appelle au secours, en poussant des clameurs et des gémissements entrecoupés de sanglots; le chien bondissant autour d'elle semble lui venir en aide par de longs et furieux aboiements.

Mais Olympia s'imagine que son père lui a répondu : sans lumière, sans armes, elle se précipite hors de sa chambre; le chien la précède en aboyant plus fort.

Deux hommes sont accroupis en silence devant une caisse qu'ils ont enfoncée; le chien saute à la gorge d'un de ces deux voleurs de nuit et l'étrangle. L'autre aurait eu le même sort, s'il ne s'était hâté de s'enfuir, les mains remplies d'or.

Le chien n'essaya pas de le poursuivre : il avait à veiller sur la jeune fille.

Celle-ci cherche son père et ne le voit pas ; elle tremble, elle n'a plus la force de crier. Un rayon de lune qui pénètre dans la salle lui montre un corps étendu sur le carreau.

La maison du changeur avait été pillée pendant la nuit : peu s'en fallut que les misérables qui la fouillaient de fond en comble n'y missent le feu en se retirant.

« C'est une maison de juifs, disaient-ils ; la bête morte, il faut brûler sa tanière. »

Ils n'en firent rien, intimidés par les sourds grognements du chien, qui gardait trois cadavres. Le chien resta jusqu'au matin, couché entre le père mort et la fille évanouie.

C'était l'heure où la reine Jeanne se rendait à l'Hôtel-Dieu pour visiter les malades.

Le glas des funérailles sonnait à la fois dans toutes les paroisses de Paris. La peste avait fait la veille douze cents victimes.

La reine sortit du palais de la Cité, avec l'intention de faire un pieux pèlerinage au cimetière des Saints-Innocents, où l'on apportait chaque jour les morts de l'Hôtel-Dieu. Ses médecins et ses officiers essayèrent en vain de la détourner de son projet.

« Si le roi est le père du peuple, dit-elle, la reine en est la mère; une mère doit aller prier sur la tombe de ses enfants. »

Vêtue de deuil, en signe de douleur, elle était assise sur sa haquenée blanche, qu'un page conduisait par la bride; derrière elle, marchaient ses médecins, son aumônier et ses serviteurs. A son passage dans les rues désertes, les pauvres malades se traînaient hors des maisons et venaient l'invoquer comme on invoque une sainte.

Elle traversait le Pont-au-Change, quand le chien noir, poussant un hurlement plaintif, sortit de la maison du changeur et s'approcha, la tête basse.

« Dieu soit loué ! dit Jeanne de Bourgogne : c'est le chien de Monseigneur le roi ! »

Le chien avait saisi avec ses dents un coin de la housse de drap d'or qui tombait jusqu'aux pieds de la haquenée, et il la tirait doucement, pour inviter la reine à le suivre.

« Que veux-tu, méchant ingrat? lui dit Jeanne. Pourquoi as-tu abandonné ton royal maître, qui t'aime tant et qui t'a pleuré, comme s'il t'avait perdu pour toujours ? »

Le chien, avec de petits cris suppliants, continuait à tirailler la housse du cheval, qui s'était arrêté. Puis, pour mieux faire comprendre ce qu'il demandait, il se dirigea vers la maison de Spalato, en tournant la tête à chaque pas pour voir si la reine le suivait.

Elle avait mis pied à terre; elle entra dans la maison, pour retrouver le chien, qui était allé reprendre sa place entre les corps du changeur et de sa fille.

Jeanne de Bourgogne fut navrée de l'horrible spectacle qu'elle avait devant les yeux. Sur son ordre, on releva les corps : Olympia respirait encore ; son père avait cessé de vivre depuis longtemps, ainsi que le voleur nocturne étranglé par le chien.

« C'est le Boucard, second valet de chien de Monseigneur! s'écria un des assistants, qui avait reconnu ce mauvais sujet; il a payé sa dette, le mécréant! C'est lui qui avait voulu noyer le chien du roi, et le chien l'a traité suivant ses mérites. »

La reine ordonna que la jeune fille fût transportée à l'Hôtel-Dieu et qu'on lui donnât tous les soins que son état exigeait. La charmante figure de l'orpheline avait parlé pour elle.

« Pauvre enfant! dit Jeanne de Bourgogne, en essuyant les larmes dont ses yeux s'étaient remplis; elle n'a plus de père, mais je lui rendrai une mère. »

Le chien du roi résista obstinément aux valets qui voulaient le ramener à son royal maître, et il accompagna en gémissant la jeune fille à l'Hôtel-Dieu.

Olympia fut rappelée à la vie; mais elle regretta de n'être pas morte, quand elle apprit qu'elle ne verrait plus son père. Le chien était près d'elle qui lui léchait les mains et la regardait d'un air sympathique. Ils pleurèrent ensemble.

La reine vint la voir, lui adressa des paroles bienveillantes et promit de s'intéresser à elle comme à une fille adoptive.

« Madame, je veux être digne de votre adoption, lui dit l'orpheline : je resterai dans cet hôpital et je soignerai les pestiférés jusqu'à la fin de l'épidémie. »

Un jour, Olympia était en prière dans une salle de l'Hôtel-Dieu, où il y avait plus de morts que de malades. Elle entendit une voix qui l'appelait par son nom. Elle se leva tout effrayée et s'approcha d'un lit infect, d'où partait cette voix agonisante. A côté de deux cadavres, un être vivant attendait la mort, qui avait déjà couvert d'une teinte noirâtre son visage défiguré.

« C'est vous la Dressière! lui dit Olympia, en se préparant à lui porter des secours.

— Je meurs, dit la vieille dont le sang se figeait dans les veines; je n'ai plus besoin de rien..... que d'un linceul et d'un peu de terre! Ecoute, mon enfant: je puis parler, puisqu'il est mort!..... Il est bien mort, n'est-ce pas, Jacquet, qui a tué ton père?..... »

Le chien jeta un hurlement terrible: il avait reconnu l'assassin étendu mort auprès de sa mère mourante. Olympia fondait en larmes et priait pour l'âme du meurtrier.

« Je suis riche! reprit la Dressière : c'est bien juste que mon trésor te revienne. Tu trouveras dans mon lit un sac qui contient tout ce que mon fils a volé chez ton père!.... »

La vieille rendait le dernier soupir. Oylmpia trouva le sac et distribua l'argent aux pauvres. Elle refusa de quitter l'hôpital, pour le palais de la reine! Elle devint sœur de Charité; le chien du roi devint le chien de l'Hôtel-Dieu.

P. L. JACOB, bibliophile.

LE MARCHAND DE CHAPELETS

Par une belle journée de juillet 1868, il y avait grande agitation dans le village de Cierp, à côté de Bagnères-de-Luchon. Les habitants venaient d'apprendre le retour de la petite Suzanne, qui, partie pour Toulouse, il y avait deux ans, comme simple ouvrière fleuriste, était arrivée chez son père, superbement vêtue, presque aussi belle qu'une de ces grandes dames qu'on voyait se rendre aux Eaux à chaque saison d'été.

Cette métamorphose, objet de grand étonnement, était loin d'obtenir l'approbation des commères du village. Elles échafaudaient, sur cet événement, une foule de suppositions peu charitables; et, bien que les hommes se montrent d'ordinaire moins chatouilleux que les femmes sur les questions de toilette, les maris et les garçons de Cierp n'étaient guère plus bienveillants à l'égard de la transformation de Suzanne.

Le soir, il y avait affluence devant la maison; la jeunesse des deux sexes accourait de tous côtés, pour voir cette petite Suzanne Ardisan, qui revenait au pays, portant un châle de barége, une robe de mérinos bleu, un bonnet de tulle tout historié de rubans.

Le jeune colporteur Guilhem, marchand de chapelets et de médailles, était parmi les assistants, et jetait sur les vêtements de sa voisine certains regards qui n'étaient pas sans malice. Guilhem avait fait de nombreux voyages, exploitant les lieux de pèlerinage du midi de la France, et ramassant partout bonne provision d'observations et d'expérience.

« Il paraît que vous ne vous trouvez pas mal à Toulouse, mademoiselle Suzanne? dit-il d'une voix émue et sans oser tutoyer sa cousine, comme il le faisait avant son départ.

– Mais pas mal du tout, je t'assure, répondit Suzanne. Si tu ne veux plus me tutoyer, je n'oublierai pas, moi, que nous avons passé notre enfance ensemble.

C. R. LESLIE, R.A. PINXT

LUMB STOCKS, A.R.A. SC

LE MARCHAND DE CHAPELETS.

— Oh ! nous tutoyer, c'est difficile, grande demoiselle comme vous êtes devenue... D'ailleurs, à quoi bon la camaraderie du voisinage, maintenant?... On ne vous verra plus au village... Les garçons d'ici doivent s'efforcer de vous oublier, puisque vous avez renoncé à vous marier dans le pays!... »

Suzanne pâlit et se troubla.

« Mais d'où peut venir votre étonnement? Vous savez tous, dit Suzanne d'un ton pénétré, que les jeunes habitants de ces montagnes, filles ou garçons, quittent presque tous leur pays, pour aller chercher ailleurs des ressources que ces vallées pauvres leur refusent. A force de travail, les filles se forment une dot qui leur permet de faire un établissement convenable; les garçons réunissent quelques pistoles, avec lesquelles ils achètent chaque année certains lopins de terre, qui, ajoutés les uns aux autres, composent une petite propriété. Quand celle qui a la dot rencontre celui qui a le champ, ils se marient. Un nouveau ménage s'ajoute à ceux de la paroisse; après avoir travaillé pour leur compte personnel, ils travaillent pour celui de leurs enfants; ils vieillissent, meurent et s'en vont là-haut recevoir la récompense du bien qu'ils ont fait sur cette terre. Telle est la vie ordinaire des paysans de nos montagnes. »

Il y eut un assentiment général. Les auditeurs trouvaient que Suzanne parlait comme un livre. M. le maire n'était pas plus éloquent, lorsqu'il haranguait les enfants de l'école ou les soldats de la garde nationale.

« N'avez-vous pas aussi parcouru la contrée, pour augmenter votre aisance, Guilhem? N'avez-vous pas visité Marseille, le Puy, Lyon, une foule d'autres villes, sur lesquelles vous nous racontiez des histoires? Et cependant, votre père avait une maison, des prairies, des vaches, qui assuraient son existence; vous y avez ajouté les bénéfices de vos courses, et vous possédez aujourd'hui une trentaine de journaux de terre, ce qui vous place au nombre des plus riches artisans de la paroisse. Or, vous êtes économes et rangés, votre père et vous; et l'on a toujours eu l'idée, dans le village, que vous ne prendriez femme qu'avec une bonne dot. »

Suzanne se tut un instant, baissa les yeux avec embarras, et laissa échapper un soupir.

« Moi aussi, j'ai voulu faire comme les autres jeunes filles du pays : j'ai quitté mon village, je me suis rendue à Toulouse pour me faire une dot... une bonne dot...

— Il paraît que vous avez bien réussi, reprit Guilhem : vos beaux habits dénotent des bénéfices plus considérables que ceux d'une simple ouvrière... Vous venez acheter une belle propriété dans le pays, je suppose?

— Vous raillez, Guilhem... Vous êtes cependant le dernier habitant de Cierp, de qui j'aurais attendu un langage de cette nature !...

— Que voulez-vous ? On n'est pas toujours d'humeur à dire des flatteries.... C'est le travail des fleurs, n'est-ce pas, qui vous a procuré de si gros bénéfices?

— Vous connaissez ma voix, reprit Suzanne : vous savez qu'elle n'est pas dépourvue d'agrément. Je faisais assez bien ma partie, le dimanche, aux cantiques de la bénédiction, et les gens du pays ne détestaient pas de m'entendre, dans les veillées d'hiver, chanter : *Los Fillos de la Rochèlo*. Les habitants de Toulouse aiment le chant encore plus que ceux de Cierp. Le directeur d'un grand café, où les consommateurs prennent la bière et la liqueur en écoutant des chansonnettes, m'a fait offrir deux francs par soirée, si je voulais être une de ses chanteuses...

— Et vous avez accepté ?

— J'ai refusé, pour une position plus avantageuse. Je m'étais logé dans une mansarde, située au-dessus de l'appartement d'une demoiselle qui chantait le grand opéra. A force de l'entendre pousser des éclats de voix, je me suis habituée à l'imiter, comme un canari répète les airs d'une serinette.

— Et vous l'avez rendue jalouse?

— Au contraire ! Elle m'a invitée à descendre chez elle, m'a fait chanter au piano, a trouvé ma voix pleine de ressources, ma physionomie lutine ; elle m'a donné des leçons de chant et m'a promis de me faire entrer au théâtre.

— Au théâtre ! s'écria Guilhem, en fronçant le sourcil.

— Au théâtre ! répétèrent les auditeurs, avec surprise.

— Cela paraît vous étonner, simples habitants de Cierp, qui ne connaissez d'autres spectacles que les danseurs de corde et les montreurs d'ours. Vous me comprendrez mieux, si j'ajoute que le théâtre me donnera vingt, trente, quarante mille francs par année..... La proposition n'est-elle pas magnifique, pour une pauvre ouvrière réduite à gagner trente sous par jour ? Ma protectrice a déroulé devant moi la carrière la plus brillante et m'a donné la fièvre d'impatience, en me parlant des applaudissements, des articles de journaux.... Tout cela est un fonds de richesse, qui procure une grosse dot.

— Au théâtre, ma pauvre Suzanne, au théâtre ! répétait Guilhem, qui, grâce à ses voyages, connaissait la matière un peu mieux que ses concitoyens de Cierp.

— Quand je serai une grande actrice, poursuivit la jeune fille, je me garderai bien d'employer tout mon argent à me donner des dentelles et des bijoux ; je m'occuperai d'épouser un homme que j'aimerai et qui m'aimera ; je ferai de cet homme un Monsieur, qui portera de beaux habits et avec lequel je partagerai mes rentes..... Que dites-vous de ce projet, Guilhem ? On l'appellera Monsieur ; on m'appellera Madame. Il n'aura plus à travailler, à se fatiguer, pour vivre et faire vivre ses enfants. Alors, favorisés de la fortune, ainsi que les gens qui reviennent d'Amérique, nous habiterons une des plus belles maisons de cette vallée, nous formerons une des bonnes familles du pays ; et, comme il n'est pas de bonheur parfait sans la bénédiction de ceux qui nous entourent, nous emploierons notre superflu à donner des secours aux pauvres, qui habitent une chaumière, gardent leurs vaches, labourent leurs champs et fauchent leurs prés, à la sueur de leur front. »

Un silence solennel, plein d'émotion, suivit ce beau discours. Nul auditeur n'osait prendre la parole après la jeune fille.

« Suzanne! interrompit Guilhem : il faut que je vous raconte une histoire.... Écoutez-moi, s'il vous plaît, aussi attentivement que je vous ai écoutée. C'est le récit d'un marin des paquebots de la Méditerranée, que je viens de lire dans un petit journal. »

Et Guilhem, déroulant le feuilleton, fit aux habitants de Cierp la lecture suivante :

« Un jour que j'étais à Naples, en permission de quarante-huit heures, j'allai me promener, avec des camarades, au-dessus d'un tunnel qui s'appelle *la grotte de Pausilippe*. Les anciens l'avaient creusé, dans le roc, sur plus de trois cents mètres de longueur, pour éviter la montée d'une longue et pénible côte. Nous, quittant le passage de la grotte, nous grimpâmes, par des sentiers de chèvre, à travers les lauriers-roses et les oliviers, jusqu'à une assez grande hauteur. Là, choisissant une espèce de terrasse couverte de pins-parasols, nous nous assîmes, pour jouir du superbe panorama que nous avions devant nous. Vu de ce point, la rade de Naples est d'une magnificence à nulle autre pareille : on voit se développer l'immense fer à cheval de la ville, qui baigne ses quais blancs dans la mer bleue; on contemple le Vésuve, les côtes de Sorrente, les îles d'Ischia, les villages de Torre del Greco et de Portici : tout cela est d'un bleu, tout cela est d'un blanc, qui vous met au cœur je ne sais quel bonheur calme dont on ne cesse de remercier le bon Dieu, créateur de toutes ces belles choses..... Mes compagnons et moi, assis sur le gazon, nous attendions l'heure du crépuscule, qui devait faire disparaître tous les objets dans la teinte uniforme du soir, lorsque nous vîmes une magnifique voiture s'arrêter à l'entrée de la grotte. Deux personnes en descendirent : une belle dame, d'environ quarante ans, et un jeune homme, de vingt et un ans. A peine hors de leur voiture, les deux promeneurs se dirigèrent de notre côté, mais sans nous apercevoir, tant le massif d'arbustes nous cachait à leurs yeux. La dame, très-élégamment vêtue, marchait d'un pas rapide, et semblait entraîner son fils. Ils passèrent devant nous et s'arrêtèrent près d'un banc, de l'autre côté du massif. La mère s'assit; elle fit asseoir son fils à côté d'elle et lui dit :

« Vois-tu cette promenade de Chiaya, rendez-vous de toutes les fortunes, de tous les grands noms de l'Italie? Entends-tu Naples, une des plus belles villes du monde, pousser son bourdonnement joyeux, comme celui d'une mer qui caresse le rivage?..... »

« Le jeune homme, ému de l'accent solennel de sa mère, écoutait avec anxiété.

« Vois-tu ce magnifique quai de Sainte-Lucie? poursuivit-elle : c'est là qu'est l'hôtel que nous habitons. Vois-tu la rue de Tolède? c'est là que sont les maisons qui constituent notre fortune. Remarque le théâtre de San-Carlo, adossé au Palais royal : il a bien longtemps entendu retentir mon nom au milieu des applaudissements. Notre équipage, un des plus luxueux qui fréquentent la Chiaya, nous attend à l'entrée du Pausilippe. — Je vois tout cela, ma mère, répondit le jeune homme interdit, et je ne puis me rendre compte de l'accent ému et solennel que vous prenez, en me désignant des objets si connus et si ordinaires pour moi. — Si mon accent est ému, mon fils, c'est que l'hôtel dont je te parle ne doit plus me revoir; les maisons de la rue de Tolède ne doivent plus me donner de revenu; je ne dois plus reparaître à la Chiaya; l'équipage qui nous attend ne doit plus me porter! — Que dites-vous, grand Dieu! — La vérité, mon fils. — Quelque événement aurait-il ébranlé votre position? — Au contraire, Fernand; jamais fortune ne fut mieux consolidée, plus liquide. Je m'en dépouille volontairement, parce qu'elle m'oppresse et me torture... »

« Le jeune homme, tout haletant, pressa sa mère de s'expliquer. Celle-ci continua :

« Au milieu des succès et de la grande renommée, qui ont fait tomber un million aux pieds de Carlotta Fontani, je sens une honte, un remords, qui me rongent et me tuent. Si je dois ma réputation à mes talents, je dois une partie de ma fortune à des générosités et à des complaisances qui révoltent tout ce qu'il y a d'honnête en moi.... Ah! ceci est un terrible moment d'expiation; car c'est devant son enfant, que l'actrice, dont le public salue encore la renommée, est obligée d'avouer des fautes qui la rendront méprisable à tes yeux... Mais, pardonne-moi, Fernand! s'écria la malheureuse mère : j'étais folle, enivrée, folle comme tant d'autres... Quand la raison est revenue, le remords a suivi et m'a fait cruellement expier mes jours d'erreurs. Il y a longtemps, mon fils, que la honte a saisi le cœur de Carlotta Fontani! Si elle n'a pas cédé plutôt à la résolution qu'elle prend aujourd'hui, c'est qu'elle devait entraîner son fils dans la pauvreté; elle a voulu qu'il eût la force de la jeunesse, avant de lui demander s'il aurait le courage de regarder la misère en face, de la combattre par le travail... Aujourd'hui, tu as vingt et un ans, tu es majeur, tu es homme; je puis t'interroger et tu peux répondre... Cette fortune n'est pas légitimement à moi, poursuivit Carlotta en baissant les yeux. Dans mon opulence, je ne possède qu'un coin de terre, qui ne me rappelle pas un devoir oublié : c'est la maison et l'enclos, que me laissa mon père en mourant; ils sont situés entre Castellamare et Pompei. Fernand, c'est là que naquit ta mère, fille du jardinier Fontani; c'est là qu'elle va passer les dernières années de sa vie et mourir! — Vous! s'écria le jeune homme atteré. — Maintenant que tu sais tout, je disparais du monde. Persistes-tu à y rester, ou consens-tu à me suivre dans la retraite?... Veux-tu garder la fortune que je jette avec mépris et remords? Veux-tu reprendre la chaîne de honte, que j'ai portée si longtemps et que je brise? — Pouvez-vous me le demander, ma mère? Je vous suivrai partout où vous irez; je ne vous quitte pas... Plus honteux que vous d'une richesse dont j'usais sans remords, parce que j'en ignorais l'origine, je l'abandonne aussi, pour prendre ma part de la pauvreté que vous acceptez avec tant de résignation. — Pauvreté bien grande, mon fils! Six ou sept cents francs de revenu, tout au plus. — Quand vous consentez à tout perdre, aurai-je la cruauté de vous enlever votre fils, le seul bien, le seul appui qui vous reste sur la terre? — Oh! tu es sublime! s'écria la mère, en prenant Fernand dans ses bras. Partons! dit-elle, en se levant... Adieu, Naples! adieu, richesse, luxe, joies, éclat du monde! Au désert, pauvre Madeleine! au désert!!! Demain, quelques lignes de ma main transmettront tout ce que je possède, aux hospices..... »

« Et, s'enfonçant à travers les massifs, elle s'éloigna, du côté opposé à la grotte du Pausilippe, où son équipage devait attendre vainement son retour. »

Suzanne avait écouté le récit de Guilhem, avec des marques évidentes de tristesse. A mesure que le dénoûment de l'histoire approchait, les larmes venaient à ses paupières.

« Est-il donc impossible de monter sur un théâtre et de rester honnête? demanda-t-elle; est-il impossible d'obtenir des succès, de gagner de l'argent, et d'éviter les remords qui troublaient cette actrice de Naples?

— Telle n'est pas ma conclusion, Suzanne. Les femmes entrent au théâtre, en s'appuyant sur deux éléments de succès : le talent réel ou la beauté. Celles qui fondent leur avenir sur le premier de ces moyens, peuvent conquérir fortune et célébrité, tout en restant fort estimables. Quant à celles qui n'ont que de la beauté, au lieu de talent, et qui pourtant veulent, à tout prix, tenter cette carrière dangereuse... Ah ! ma pauvre Suzanne ! ne mettez pas le pied plus avant dans ce mauvais sentier ! »

Suzanne fondait en larmes.

« Que faut-il donc que je devienne, Guilhem, si ce moyen d'existence m'est enlevé?... J'ai quitté mon atelier de fleuriste, j'ai vendu mes outils, pour acheter de la musique; j'ai compté sur mon talent, pour amasser une dot qui me permettrait de faire un mariage selon mon cœur?

— Quelque honnête que soit au fond votre projet, il n'en est pas moins une chimère; et, chez la femme, toute chimère est pleine de déception et de douleurs. »

Suzanne cacha son visage dans ses mains et sanglota.

« Croyez-moi, Suzanne, ne cherchons jamais à prendre la fortune à la course, sans lui laisser le temps d'arriver; ne songeons pas à nous donner un château, avant d'acquérir une simple maisonnette. Écoutez jusqu'au bout le récit du jeune marin.

« Le lendemain de mon aventure du Pausilippe, je partis pour Alexandrie; un mois après, j'eus encore à Naples ma permission de quarante-huit heures, et j'en profitai pour aller, à Castellamare, demander l'habitation de Carlotta Fontani. Je n'eus pas de peine à la trouver : la retraite de la célèbre cantatrice, dans un vallon solitaire, avait fait grand bruit dans la contrée; je me présentai, chez elle, sous prétexte d'acheter des légumes pour notre paquebot. Je trouvai Carlotta Fontani vêtue d'une robe de bure, et filant sa quenouille près d'un carreau où son fils bêchait et ratissait... Je liai conversation avec eux, sans paraître me douter des événements qui les avaient conduits dans ce village isolé. J'appris que Fernand ne se contentait pas de cultiver son jardin : il venait d'acheter une charrette, un bon cheval, et commençait à nouer des relations avec les jardiniers de Castellamare : il achetait leurs légumes sur place, pour leur éviter la course quotidienne de la halle de Naples, et transportait leurs produits à la grande ville. Le bénéfice réalisé sur la vente formait le revenu net de l'entreprise.

« Il n'y a que les bénéfices modérés, mais sérieux, qui donnent une joie solide et « durable. Les spéculations hardies, nous disait souvent notre capitaine, sont aussi char- « gées d'orages, que les courses à travers les mers polaires. Si de rares audacieux fran- « chissent le détroit de Behring, des centaines sombrent ou se brisent à la côte... »

« Eh bien! Suzanne, lui demanda Guilhem en achevant sa lecture, persistez-vous à devenir actrice, à vous préparer les regrets de Carlotta Fontani?

— Que ferais-je d'une fortune qui vous serait désagréable? s'écria-t-elle.

— Tiens! murmurèrent les auditeurs étonnés; voilà une déclaration singulière!... »

Suzanne, comme réveillée de sa distraction par le murmure de la foule, pousse un cri de confusion, couvre son visage de ses deux mains, et rentre chez ses parents.

Ce fut alors que, dans le village, les conversations se croisèrent en tous les sens.

« Eh bien! Suzanne, lui dit Guilhem, qui l'attendait le lendemain à sa porte, vous proposez-vous de retourner à Toulouse, pour débuter au théâtre?

— Serait-ce mon costume qui vous fait supposer ce projet de départ? »

Suzanne, en effet, avait repris ses vêtements de paysanne : la robe de drap brun, la jupe de toile écrue, et les sabots.

« Est-il possible! s'écria Guilhem : vous renoncez aux espérances qu'hier encore vous caressiez avec tant d'illusions?

— J'y renonce, dit-elle; vous méprisez ceux qui se montrent trop ardents à s'enrichir!

— Ah! Suzanne, je ne m'étais pas trompé : vous êtes une fille aussi raisonnable que bonne... Et, puisque je te retrouve grande telle que je t'avais connue petite, laisse-moi reprendre avec toi le ton de la meilleure amitié. Un peu d'étourderie, trop de crédulité, furent ta seule erreur. Demeure à Cierp : tu seras ma femme!

— Ah! puisque te voilà revenu tel que tu étais autrefois, s'écria la jeune fille en lui tendant la main, laisse-moi te tutoyer, comme je le faisais dans notre enfance. Il est si doux de retrouver l'ami que l'on craignait d'avoir perdu!

— Ajoute aussi : la femme que l'on était sur le point de perdre... Reprends ton travail de fleuriste, et faisons de concert le commerce du colportage : tu vendras des bouquets pour les madones, les autels, les tombeaux; je vendrai des chapelets et des médailles; et, avec ta belle voix de théâtre, Suzanne, tu chanteras gratis pour ton mari et pour les échos de nos montagnes. »

CÉNAC-MONCAUT.

MISS R. SOLOMON. PINXT — G. GREATBACH SCULPT

LA JEUNE MOURANTE

Vve JULES RENOUARD PARIS

LA JEUNE MOURANTE

Va, ne crains plus de troubler mon sommeil!...
O ma sœur! viens, penche-toi sur ma couche...
Je vais, ce soir, m'endormir sans réveil :
Reçois l'adieu suprême de ma bouche!
Ma guérison (c'est toi qui me trompas!...)
Fut pour moi seule une heureuse chimère;
Mais je sais tout, car je ne dormais pas,
Quand le docteur a dit tout bas :
« Qu'on éloigne sa mère! »

Pour m'abuser, vous étiez tous d'accord,
Et, plus que vous, je m'abusais moi-même!...
Est-ce dans l'âge où l'on est jeune et fort,
Qu'on croit pouvoir quitter tout ce qu'on aime?
Pour moi, la vie, où j'entre à peine, hélas!
N'eut pas le temps de devenir amère;
Et j'ai pleuré, car je ne dormais pas,
Quand le docteur a dit tout bas :
« Qu'on éloigne sa mère! »

Oui, c'en est fait!... J'approche de ma fin....
Résignons-nous, quelque sort qui m'attende!...
Retiens tes pleurs... Je me sens mieux enfin!...
Prends garde, ô ciel! que ma mère n'entende!...
Mais à l'église elle a porté ses pas,
Et, le cœur plein d'un espoir éphémère,
Calme, elle prie, et ne se doute pas
Que le docteur a dit tout bas :
« Qu'on éloigne sa mère! »

P. L. Jacob, bibliophile.

CUYP. PINXT

J. C. BENTLEY, SCULP.

PAYSAGE DE PROVENCE.

Vve JULES RENOUARD, PARIS.

Maures charment le regard ; et ma pensée s'arrêtait avec amour sur les cabanes, dont les traînées blanches et lilas du câprier en fleur enlacent le toit tranquille. Il doit faire bon vivre ici. Je me prends à aimer ce pays, comme un être et non pas comme une chose.

Rentré, vers le soir, de ma promenade solitaire, je contemplais, de notre terrasse, sans pouvoir me lasser de ce spectacle, la pointe sombre de la Napoule, vigoureusement découpée sur la pourpre ardente du soleil couchant, et les belles îles de Lerins déjà noyées dans la brume...

Dès huit heures du matin, nous montions en canot, pour nous rendre à l'île Sainte-Marguerite. Les matinées de juin ont, à Cannes, de rares et délicates beautés. Le ciel, chaudement voilé d'une brume diaphane et miroitante, teignait la mer d'un bleu violet. L'air frais et vif encore caressait doucement nos visages. La couleur était sublime, la lumière resplendissante ; les montagnes couronnées de neige s'irisaient sous les rayons du soleil, et la jolie petite ville de Cannes, bâtie en amphithéâtre, gracieusement groupée sous le double abri de son église et de son vieux château, s'appuyait coquettement aux bois de pins et d'oliviers, aux terrasses d'orangers du Canet. La mer et le paysage m'inspiraient une mélancolie inquiète et attendrie...

Me voici enfin installé dans mon île, et je m'y sens cruellement seul. Le vide que l'absence de Raoul fait autour de moi me révèle mieux encore la place qu'il tenait dans ma vie, et le bien que me faisait l'amitié de cette âme vaillante.

Je cherche le calme, et je ne trouve que l'agitation. Hélas ! pourquoi la douleur accompagne-t-elle inévitablement la plus ineffable des félicités humaines? Redoutable problème dont la mort seule sait le mot, et que le cœur de l'homme s'usera à chercher jusqu'à son dernier battement, car le secret de l'amour est l'énigme de la vie. L'île prend, dans les nuits de lune, une si grande puissance de tranquillité, que je m'étonne de pouvoir la braver; d'autant que, au delà de la région des pins maritimes aux douces teintes d'un gris lilas, au delà des rochers mythologiques qui protégent l'île contre la belle mais redoutable ceinture de lapis et d'azur qui la presse perfidement, on est ramené au sérieux de la vie par l'aspect de la culture, et les rêveries de la fable s'enfuient devant le travail de l'homme.

Il y a une lieue à peine, de l'anse coquette de débarquement, à la thébaïde du solitaire, que j'habite, si l'on écoute la voix qui croit être dans le vrai en proclamant le réel; mais l'esprit doit franchir des espaces immenses, et je ne sais autrement mesurer la distance et le temps, qu'au chemin parcouru par ma pensée. Les Grecs eux-mêmes n'oseraient plus donner à cette île le doux surnom d'*Aigrette de la Méditerranée!*

Le site le plus austère devait être naturellement le site choisi par le frère béatifié de sainte Marguerite, patronne de l'île voisine, dit la légende du pays ; saint Honorat a donc bravement campé sa tour le pied dans les vagues. Ici, plus de souriants et tentateurs aspects; rien que l'image de l'infini et le spectacle des tempêtes, fait pour inspirer les graves méditations.

Du monastère fondé, en 410, par le saint, il ne doit rien rester, et l'architecture actuelle du couvent-forteresse, devenu ma demeure, paraît appartenir au style sarrasin. Le cloître intérieur occupe le centre de la tour : il a grand air, avec ses deux étages parés de colonnettes de granit et de marbre, et garde dans sa ruine un double aspect monacal et guerrier, qui me plaît étrangement.

Pourquoi les barbares de 1793 n'ont-ils pas mieux respecté ce que le temps s'était plu à épargner?....

On a pu m'établir un atelier et un cabinet de travail, également inutiles, dans une pièce haute qui domine la plate-forme ; on a déblayé celle-ci. Il en a été fait une terrasse garnie de fleurs, et c'est de là que j'écris, en regardant de gais marsouins s'ébattre sur la plage, en épiant les jeux des girelles, jolis petits poissons irisés que Claude, le batelier, appelle justement des *demoiselles de mer*... Qu'elle est donc remplie de combats et de sérieuses douleurs, cette belle vie de voyage et de liberté, tant enviée de loin !... Je devrais être heureux, et je me sens triste jusqu'à la mort.

Je songe à acheter et à réparer ce couvent. On prie mieux, au grand bruit de la mer. Mais je n'ai sans doute pas encore assez souffert, pour mériter le repos.

Ceux qui déclarent que le Midi est gai ne le comprennent pas dans son grand côté, dans sa sévère mais immense mélancolie, pareille à la calme tristesse d'une belle âme profonde, élevée au-dessus de toute misère, mais aussi de tout désir humain, par l'idée du rêve.

Je m'endors cependant dans une craintive incertitude, et le *dolce farniente* commence à m'apparaître encore comme la plus attachante des occupations. La paresse n'est possible sans ennui, qu'en ces heureux climats, où un étrange bien-être soleillé s'empare du plus actif et le plonge dans un demi-sommeil, sans pensées distinctes, mais illuminé de visions indécises et charmantes.

La médiocrité est, à Cannes, le niveau commun. On voit peu de riches, mais on ne rencontre pas de pauvres. Aucun habitant ne travaille au delà de ses besoins du moment, et chacun, par nonchalance, répète avec l'Évangile : « A chaque jour suffit sa peine. » Tout homme se rend au café, dans l'après-midi ; toute famille mange le soir ce qu'elle a gagné le matin, puis cause et se divertit jusqu'à l'heure du sommeil. Si la maladie vient, l'être, devenu inutile à la communauté, ne se trouve aucun préjugé contre l'hôpital et s'endort dans la souffrance, en disant : « Je ne coûte rien à mes parents. » Cette très-heureuse insouciance n'équivaut-elle pas à la sagesse? Voilà ce que je me demande, alors que je jette un regard sur les affairés et surtout sur moi-même....

Je viens de me promener longtemps sur ma terrasse, demandant le calme au gémissement des eaux, aux nuages, à tous les divins amis que Dieu m'a donnés. De beaux éclairs de chaleur partent de tous les points de l'horizon ; la lumière intermittente du phare d'Antibes, les feux des pêcheurs sur la côte, le reflet lumineux de la brillante étoile de Vénus qui tremble et s'allonge comme un serpent d'or sur la mer, composent une scène sublime, suave, consolante,... et cependant je me sens désolé!... Ah! que je voudrais marcher décidément vers Dieu! Son amour seul est juste et doux; lui, voit les âmes et ne les brise pas. Pourquoi voyager, chercher, courir, apprendre, s'agiter, et vouloir s'installer dans la vie, puisque nul n'est sûr de rien, si ce n'est *qu'il faudra mourir*. Combien ont dit : « Moi, pas mourir ici! » et sont restés là-bas, de même, de même!...

Pourquoi ai-je eu la fantaisie de me faire conduire à Cannes et de visiter les ruines du vieux château? Après une rude ascension, j'ai aperçu, à l'extrémité de la plate-forme, un petit homme, mal vêtu, et absorbé dans une profonde contemplation. Retenu par je ne sais quel pressentiment, j'hésitais à avancer. Il est si rare de rencontrer un paysan rêveur, que l'on se prend à redouter, comme un être dangereux, celui qui marche en dehors de la voie de ses pareils. Ce sentiment existe dans tous les pays et dans toutes les classes. J'ai souffert, pour mon propre compte, de cette répulsion instinctive, et je la retrouve au fond de mon cœur; elle est donc naturelle et dans l'ordre.

Hélas! j'ai honte de poursuivre.

Le bel aspect du pays se trouvait si évidemment à la place qu'occupait la ridicule cause de mon ennui, que je me suis approché en saluant. Le petit vieillard, aux yeux bleus, clair-luisants et moqueurs, a souri étrangement. De près, sa figure maigre et ridée, ses mains décharnées, un vieux chapeau gris collé sur sa tête, m'ont inspiré plus d'aversion encore. Dans son luisant regard, je lisais la malice, la raillerie, la méchanceté, l'envie peut-être? Il me voyait en élégant costume, riche, jeune, en promenade de plaisir; il me supposait heureux, et qui peut dire à quoi il pensait, lui, en regardant la vaste mer et l'île Sainte-Marguerite, devenue la prison des Arabes rebelles au joug des Français, après avoir gardé Agrippa et le Masque de fer? Ah! les lieux aussi ont leur destinée!...

La tristesse me gagnait, et le silence de cet homme pesait à mon esprit. Je me risquai donc à lui demander, de ma voix la plus sympathique : « Ce château contient-il quelque chose d'intéressant à visiter? » Le petit bonhomme a fait entendre un rire sec et court, avant de répondre, en haussant les épaules : *Rien, Kek povres!...* Que sont les pauvres pour les riches? Voilà l'idée qui ressortait de ces mots prononcés d'un accent haineux.

Tandis que je creusais cette amère réflexion, se retournant tout à coup et me regardant en plein visage, l'inconnu a repris, en riant d'un rire métallique : « Vous, protestant?... *straniere?*... Moi, j'enterre les protestants, les *stranieres*, là-bas! Venez, venez! » Et déjà il marchait rapidement, en m'appelant du geste. « Non, merci, je n'aime pas les cimetières. Je suis, d'ailleurs, catholique, et je ne compte pas mourir à Cannes; vous ne m'enterrerez pas. » En riant avec raillerie : « Catholiques aussi j'enterre! Combien ont dit : Moi pas mourir ici! et sont restés là-bas, de même! de même! »

J'ai tiré une pièce d'or, offrande lâchement jetée à un mauvais génie dans l'espoir de le désarmer, et je me suis écrié avec une gaieté que démentait tout bas mon cœur : « Au lieu de m'enterrer, buvez à ma santé! » Il a ricané encore, le petit vieillard, pris l'argent sans remercier, sans même toucher son chapeau, et, plongeant ses mains dans ses poches, il est tranquillement retourné à son poste. Tandis que je descendais, portant la mort dans mon esprit, la voyant, comme un fantôme maudit, planer sur toute chose, et, debout à mes côtés, menacer ma Stella elle-même! involontairement, tout bas, je répétais, comme un chant funèbre : « Combien ont dit : Moi pas mourir ici! et sont restés là-bas, de même! de même!... » Je mourrai à Cannes, et je mourrai malheureux!...

Avant de m'embarquer, j'ai enfin trouvé le courage de me retourner : le vieux fossoyeur, debout à la même place, se dessinait comme une silhouette de démon sur le ciel d'or. J'ai cru sentir le froid de son œil moqueur, comme j'entendais retentir en moi l'écho de son rire diabolique. Honteux du désordre de mon esprit, je suis rentré, sans oser m'arrêter, à Sainte-Marguerite. La mer pâle et le flot qui déferle contre la rive ne me content que de tristes histoires... Non, Stella ne m'aimera jamais!...

Tandis que je traçais ce dernier mot, j'ai vu une flamme danser sur la cime des vagues, courir sur le sable, sortir de terre et y rentrer. Je me suis levé, elle a disparu; mais bientôt elle est revenue scintiller, se rapprochant toujours, quand elle ne se cachait pas.

Aucune des causes ordinaires qui expliquent les feux follets n'est applicable à ce climat. Celui-ci est un *omen*. Est-ce l'âme en peine d'un étranger enterré par le méchant fossoyeur, qui vient me demander des prières? Est-ce un feu follet de ma native terre d'Irlande, qui a traversé les mers pour me venir visiter et avertir?... La lueur éphémère a disparu, en courant vers le port, mais elle m'a laissé au cœur une vague angoisse et comme un désir de départ.

Marquise de BLOCQUEVILLE,
Née princesse Davoust.

E. W. COOKE R. A. PINXT

C. COUSEN, SC

LES GONDOLES DE VENISE

Vve JULES RENOUARD PARIS.

LES GONDOLIERS DE VENISE

PARMI tout ce qui contribue à donner à Venise une physionomie si originale et si différente de celle de toutes les autres villes, non pas seulement d'Italie, mais d'Europe, il faut placer au premier rang les gondoles.

La gondole est la plus svelte de toutes les embarcations connues. Elle est plus souple encore que la rapide pirogue des baleiniers, plus légère que le *balsa* des nègres brésiliens. Elle ressemble à une feuille de palmier, tombée sur l'eau, car la gondole *est sur l'eau* et non pas *dedans*. Pour naviguer, il lui suffit d'une surface, comme au patineur. Autrefois, elle différait un peu de ce qu'elle est aujourd'hui, par son arrangement; mais elle n'a jamais été autre, par la forme de sa coque. Sans doute, l'art a trouvé du premier coup le genre de construction, qui convenait le mieux à ce genre de navigation.

La gondole est l'habitante mystérieuse des lagunes et des canaux : mystère et discrétion étaient le gage de la sécurité de ses hôtes, au temps où tout Vénitien était surveillé, guetté, espionné, par un gouvernement ombrageux et impitoyable.

L'histoire d'une gondole, ce serait tout un livre à faire! La gondole a servi toutes les passions, comme elle a dû les trahir toutes. Terreur et meurtre, galanterie et amour, sa sombre voûte a caché plus d'un cadavre, comme elle a protégé plus d'un amant. Mais qu'importent, après tout, les souvenirs, les remords, la physiologie de la gondole! Qu'elle nous berce mollement aujourd'hui et nous transporte agilement où nous voulons aller, c'est tout ce que nous lui demandons. Elle est la complice de toute poésie qui passe par la tête ou par le cœur de quiconque aime Venise. En faveur de ses séductions présentes, renonçons donc à fouiller dans son ténébreux passé!...

La gondole est une sorte de pirogue, longue de vingt-cinq pieds environ, galamment retroussée de la poupe et de la proue, comme une danseuse qu'embarrassent ses jupes, et qui veut prendre un élan de course. Le milieu, c'est-à-dire la partie qui pose sur l'eau, est occupé par une sorte de petite cabane, renfermant un siége, suffisamment large pour que deux personnes s'y asseyent confortablement; deux tabourets servent, au besoin, à doubler les siéges : le tout est tapissé de maroquin noir, et surmonté d'une sorte de dôme de charpente, recouvert de gros drap noir, et qui s'appelle *felze*. Ce *felze* se place et s'enlève à volonté, suivant le temps qu'il fait, suivant l'incognito qu'on désire. Des glaces, des persiennes ou des pans de drap servent à établir à l'intérieur le degré de communication voulue avec l'air et la lumière du dehors. Gondole, felze, coussins, accessoires divers, tout est noir : les plus rares exceptions violent cette règle. Cela est ainsi depuis le quinzième siècle, époque où la République, pour réprimer l'abus du luxe chez les patriciens, créa une loi somptuaire qui donnait à toutes les gondoles de Venise une sombre uniformité! Les ambassadeurs seuls eurent le droit d'appliquer les couleurs de leur livrée à la décoration de leurs barques. Ce n'était donc, anciennement, que par le costume de leurs gondoliers, que les classes supérieures pouvaient se distinguer de la généralité. Une gondole bien montée devait avoir à l'arrière un homme robuste, de beauté mâle, quelque demi-Hercule chroggiote. A l'avant, au contraire, on plaçait un négrillon, bizarrement accoutré, ou quelque blondin indigène, vêtu en page.

Le peu de largeur des canaux de Venise, les angles innombrables à tourner, et le passage continuel des gondoles, ont donné lieu à une manière de ramer si particulière, qu'on n'en a pas l'idée avant de l'avoir vue. L'espace est si peu large dans la plupart des canaux, qu'il ne permet guère l'usage d'avirons aux deux côtés de la gondole. La nécessité de tourner à chaque instant, la grande quantité de ponts, la rencontre continuelle des autres gondoles. ont fait naître la nécessité de mettre le marinier debout et tourné vers le côté par lequel la gondole marche. Le pavillon du centre a motivé l'élévation du rameur, afin qu'il pût voir par dessus : ainsi le gondolier se tient sur un petit pont angulaire, placé à la poupe, et il donne l'impulsion à l'aviron, en poussant, au lieu de tirer à lui, comme il est d'usage ailleurs. La position droite du rameur exige que l'aviron ait une élévation correspondante, et une espèce de minot est, à cet effet, placé sur le côté de la barque; ce point d'appui, d'une certaine hauteur, étant construit avec du bois recourbé et irrégulier, a deux ou trois tolletières avec entailles circulaires, les unes au-dessus des autres, pour faciliter le mouvement plus ou moins raccourci du bras, suivant le besoin de la manœuvre. Or, comme l'aviron doit passer sans cesse d'une de ces tolletières à une autre, les ouvertures sont grandes et l'aviron n'est maintenu à sa place que par une rare dextérité du rameur. Ces difficultés réunies font de la science du gondolier une des branches les plus délicates de l'art du marin.

Les gondoles représentent les équipages, les fiacres, les charrettes, le seul moyen locomotif enfin que possède Venise, cette cité des ondes, où la moitié des rues sont des canaux.

Et notez que les différentes espèces de gondoles s'assimilent parfaitement aux voitures de différentes sortes, qui servent de moyen de transport, pour les gens et pour les choses. dans les villes de terre ferme. Ainsi, chaque noble, chaque particulier riche possède sa gondole, comme, dans une autre ville, il aurait sa voiture. Les grandes maisons, les familles nombreuses, en ont deux, quelquefois même trois, pour les différents services. offrant divers degrés de légèreté et d'élégance, comme ailleurs on a un tilbury, un coupé, un briska.

De même que les gens de fortune moyenne et les voyageurs trouvent, dans les autres villes, des fiacres ou des remises à leur disposition, soit à l'heure, soit à la journée, de même Venise tient, au service de quiconque se présente aux lieux de station, des gondoles de louage.

Une autre classe de gondoles plus massives, barques ou bateaux de travail, conservant toujours la forme originelle de la gondole, remplace les charrettes, les brouettes, les voitures de peine, et fait, dans les lagunes et dans les canaux de l'intérieur de la ville, le service du transport des marchandises, des approvisionnements des marchés, des déménagements, etc..... De telle façon que les canaux de Venise sont aussi animés, par le continuel passage des gondoles de diverses classes qui s'y croisent en tout sens, que le sont par les équipages et les voitures de toutes sortes les rues des villes du continent.

Parfois aussi, de grands bateaux mâtés, des goëlettes, des brigantins, des bricks même, viennent jusque dans le grand Canal s'installer en face d'une maison, d'un magasin, pour y déposer des marchandises, ainsi que cela se voit dans deux ou trois villes de la Hollande. C'est là le seul point de comparaison qu'il peut y avoir entre la cité adriatique et les ports de mer néerlandais, qu'un poëte, trop riche en imagination, a présentés comme ayant une grande affinité avec Venise.

Il n'y a guère de grande rue de capitale, qui soit plus animée que l'est le grand Canal de Venise, à six heures du soir. Ce grand Canal est le Corso, le Longchamp, le Hyde-Parke vénitien. Affaires et plaisirs y font sans cesse circuler, paraître ou disparaître, par les petits canaux aboutissants, ces équipages vénitiens, les uns découverts et éventés comme une calèche, les autres clos et mystérieux sous le drap noir de leur *felze*, comme une berline.

Une voiture, un carrosse, sont choses introuvables à Venise, et à peine connaît-on deux ou trois coupés de voyage, cachés dans l'ombre de quelques magasins reculés des palais, où les enfants indigènes se les montrent comme des curiosités fantastiques. Le peuple, qui les voit parfois passer sur des barques du Canal, n'est pas moins ravi et étonné que le furent les gens du conte de Perrault, lorsque la fée Bienfaisante fit du potiron un carrosse pour conduire Cendrillon au bal.

Les gondoles ont un grand nombre de stations. La principale est sur la rive de la Piazzetta, en face du Palais ducal. Partout ailleurs, tout le long du grand Canal et sur une foule de points des canaux intérieurs, on les trouve encore, attendant, appelant, excitant la pratique. Ces stations se nomment *traguetti*. Les étrangers, qui logent dans un hôtel de premier ordre, y trouvent des gondoles à leurs ordres, comme ailleurs on trouve des fiacres et des remises.

Soit qu'on utilise la gondole pour vaquer à ses affaires, soit qu'on s'en serve pour ses plaisirs, c'est toujours un moyen de transport extrêmement confortable, et, en outre, fort peu dispendieux. Comme il est fréquemment arrivé à MM. les gondoliers de vouloir élever leurs prétentions de salaire à un taux peu raisonnable, et notoirement à l'époque du passage de l'empereur d'Autriche, qui venait de ceindre à Milan la couronne de fer des rois lombards, le *podesta*, ou maire de Venise, a cru devoir rendre un règlement qui tarifie le prix rigoureusement exigible, sans préjudice toutefois des marques de munificence que l'étranger ou le citadin a le droit d'ajouter au prix légal. La gondole et son homme sont à vous, depuis le point du jour jusqu'à minuit, pour quatre *livres italiennes*. Par un autre mode d'arrangement, vous payez une livre pour la première heure, et une demi-livre pour chacune des heures suivantes. A moins d'accord préalable, vous doublerez ces prix, si vous prenez deux rameurs. L'affreux véhicule qui nous disloque les os sur le bruyant pavé des villes coûte plus du double et ne vaut pas la gondole. Celle-ci a donc tous les avantages possibles sur les *raquettes* françaises, et laisse bien loin derrière elle, de quelque façon qu'on veuille l'entendre, le scabreux *corricolo* napolitain.

Nous ne saurions partager l'opinion qu'ont émise plusieurs écrivains voyageurs, sur la prétendue paresse des gondoliers. Le gondolier est, au contraire, un artisan actif, travailleur autant qu'il le peut, en quête de travail. Si vous passez à portée de voix de son *traguetto*, ou si vous franchissez un pont sous l'arche duquel il stationne, dans le prolongement de la Piazetta surtout, il ne manque jamais de vous faire ses offres de service, avec un empressement et une phraséologie séductrice, qui ne témoignent en rien ce grand amour de dormir le ventre au soleil, dont le gratifient les feuilletons parisiens. Reportons au compte du lazzarone de Naples ce que la plupart des touristes littéraires ont dit du gondolier ou *barcarolo* de Venise, et ajoutons, en faveur de celui-ci, que, loin de se trouver satisfait, si dès le matin il a assuré pour la journée le double entretien de son estomac et de sa pipe, il cherchera toujours, au contraire, le moyen d'augmenter sa recette. Les barcaroli de Venise forment une classe d'homme discrets autant que laborieux : discrets, parce que c'es une qualité fort commune dans le peuple de Venise, autrefois soumis à un ordre de choses qui faisait de la discrétion et de la prudence une des conditions de la sécurité individuelle; laborieux ensuite, parce qu'ils ont une famille à nourrir, et qu'ils adorent leur profession, laquelle à une certaine noblesse qui les élève, dans leur opinion, bien au-dessus du *facchino*, porteur de sacs de nuit.

Au reste, les gondoliers ont de bonnes qualités. Ils aiment passionnément leur métier ; ils le pratiquent avec amour-propre, cherchant sans cesse à prouver à qui les emploie, qu'ils en connaissent tous les secrets, toutes les ressources. Les gondoliers de traguetto sont par nombre fixe sur chaque point, barques et gens étant soumis à une police spéciale très-veillative. Ils ont, en outre, à chaque traguetto, un chef nommé par eux, lequel se renouvelle périodiquement. Si l'un d'eux tombe malade, il reçoit de ses compagnons un secours quotidien. C'est enfin, dans son ensemble, un corps régulièrement constitué, avec lois, usages et traditions.

Les principaux traguetti du grand Canal sont desservis par une trentaine de gondoles qui alternent par moitié dans le service de chaque jour. Leur travail consiste à porter de l'autre côté de l'eau les gens qui se présentent six centimes à la main. Outre le service de gué, ils sont aux ordres de qui les veut prendre à l'heure ou au jour.

La plupart des traguetti sont ornés d'une vigne qui les protége contre les rayons du soleil d'été. Si l'hiver la treille n'offre plus d'ombre, il faut dire aussi que les rayons solaires, loin d'être évités, sont recherchés ; tout est pour le mieux. Une petite casemate en planches contient alors le grand réchaud où s'allume la pipe, où se réchauffent les doigts. Là est aussi le registre de police, sur lequel peuvent être consignées toutes réclamations contre un barcarolo insolent ou infidèle. Au dehors, une petite Madonna, sculptée ou peinte, s'enfume devant une lampe, entretenue par l'huile de la piété générale. Le gondolier, s'il ne l'a tatouée en poudre à canon sur le bras, porte aussi la Madonne de son traguetto, pendue en effigie sur sa brune poitrine.

Le traguetto est un lieu très-bruyant. Soit que les gondoliers, qui s'y trouvent, causent et rient entre eux, soit qu'ils conversent, à travers toute la largeur du Canal, avec leurs confrères du débarcadère opposé ; c'est un bruit presque sans entr'acte, d'autant plus que le diapason des voix s'élève fréquemment au-dessus du ton de la simple conversation, et la conversation admet une tonalité que dans tout autre pays on appellerait dispute. Les différends naissent toujours du trop d'empressement que l'un d'eux a mis à recevoir dans sa barque un voyageur qui désire passer l'eau. Alors on prélude à la querelle par quelques escarmouches de langage, qui ne se développe véritablement en invectives, que lorsque l'usurpateur de tour est éloigné de la rive, emportant son passager de six centimes.

Les gondoliers n'ont plus de costume fixe, nous entendons ceux qui sont au service du public. Ils sont vêtus, comme tous les marins possibles, d'un pantalon de toile, d'une chemise de couleur et d'un chapeau de paille, à moins qu'ils ne portent le bonnet rouge des *Castellani* ou le bonnet noir des *Nicoletti*. L'hiver, leur vêtement est de drap ; c'est sans caractère. Les gondoliers des particuliers sont à la livrée de la maison, pendant les saisons fraîches, et, l'été, le plus souvent revêtus d'un pantalon blanc ou de nankin, avec une petite veste d'étoffe perse bariolée de fleurages ; si l'on y ajoute une ceinture tranchante et une toque, c'est un costume très-frais et très-pittoresque. Une gondole ainsi équipée, garnie d'une tente de coutil rayé, portant des dames et fendant l'eau du grand Canal, son éperon d'acier brillant au soleil, présente un coup d'œil charmant autant qu'original.

Jules LECOMTE.

LOIN DE PARIS

Monsieur le marquis de Trincavel !

A ces mots prononcés par le domestique de M. le comte de la Rivoire, tous les yeux se portèrent sur la porte du salon, au seuil de laquelle parut un homme, d'une trentaine d'années, élégant et de haute mine.

Il paraît que M. de Trincavel était attendu avec quelque impatience, car son entrée produisit un grand effet sur la nombreuse société réunie dans un des plus beaux salons du faubourg Saint-Germain.

Le jeune homme alla serrer la main de M. de la Rivoire et s'inclina avec une grâce un peu étudiée devant madame de la Rivoire.

« Embrasse-moi donc tout bonnement dit le comte. Quand on n'a pas vu son oncle depuis trois ans et qu'on arrive de Constantinople, il est permis de l'embrasser en plein bal, tout diplomate que l'on est... Ah çà ! mon enfant, tu es donc arrivé ?

— Depuis une heure, dit M. de Trincavel, et je n'ai pris que le temps de m'habiller ; car, ainsi que je vous l'ai écrit, il y a huit jours, en apprenant que vous donniez votre grand bal le 15 avril, je n'ai pas voulu manquer le premier quadrille.

— Mon cher Louis, dit madame de la Rivoire, Henriette est ici : allez la saluer bien vite.

— Où donc est-elle, ma tante ?

— Mais, là, sur cette chaise, en face de vous, en robe blanche avec des fleurs bleues...

J. CONSTABLE, R.A. PINXT C. COUSEN, SCULPT

LOIN DE PARIS

Vve JULES RENOUARD, PARIS.

— En effet... Je ne la reconnaissais pas... Comme elle est changée !

— Mais allez donc à elle, maladroit ! »

M. de Trincavel se dirigea vers un groupe de jeunes filles, parmi lesquelles se trouvait mademoiselle Henriette de Gerlande. Il s'inclina devant elle, en souriant. Elle se leva à demi, en rougissant un peu. Le jeune diplomate la regardait sans mot dire, et sentant bientôt ce que ce silence avait d'étrange :

« Ma cousine, je viens de si loin, que je suis devancé ici très-probablement ; je me hasarde, malgré cela, à vous demander une contredanse.

— Ce sera la première, mon cousin, dit Henriette avec un calme affecté. »

M. de Trincavel allait se retirer, lorsqu'il aperçut auprès de sa cousine une jeune fille qui attira son attention très-visiblement. La jeune fille sentit, sans sourciller, les regards du marquis de Trincavel se concentrer sur elle; seulement elle se pencha vers sa voisine avec un mouvement d'adorable nonchalance, et murmura sans doute un de ces riens qui permettent de donner à l'attitude, qu'on veut prendre, tous les soins indispensables. Elle était admirablement belle. Une couronne opulente de cheveux noirs dominait son front large; sous des sourcils épais, mais régulièrement dessinés, ses yeux brillaient d'une flamme humide et caressante; l'arc de ses lèvres semblait également prêt à lancer le sarcasme où à se détendre pour donner passage à toutes les tendresses.

Elle était donc bien belle; mais un observateur désintéressé eût deviné, sous cet extérieur séduisant et superbe, je ne sais quoi de banal, de convenu, d'artificiel, de *voulu*. L'ingénuité manquait trop complétement à cette beauté éclatante ; on était respectueux devant elle, mais on ne se sentait point embarrassé. Les yeux du marquis s'arrêtèrent trop longtemps sans doute sur la jeune fille, car elle releva la tête et promena sur lui un de ces regards qui veulent dire : Que voulez-vous, monsieur?

« Mademoiselle, serais-je assez heureux pour obtenir de vous une contredanse? dit M. de Trincavel, en avançant vers elle.

— La seconde, Monsieur, fit la jeune fille en penchant la tête d'un air de reine indulgente.

— Eh bien, dit madame de la Rivoire lorsque le marquis revint auprès d'elle, vous avez revu Henriette, comment la trouvez-vous?

— Parfaite!... Quelle est cette jolie personne qui est assise à droite de ma cousine?

— C'est mademoiselle Catherine de Sauveplane.

— Ah!... Elle est jeune?

— Vous le voyez.

— Riche?

— Immensément.

— Autant qu'Henriette?

— Au moins autant. »

M. de Trincavel resta pensif. L'orchestre donna bientôt le signal, et le marquis alla prendre la main de mademoiselle de Gerlande.

Mademoiselle de Gerlande n'était point belle : sa tête était trop forte pour sa stature frêle, pour sa poitrine délicate ; une pâleur maladive couvrait son visage amaigri ; ses yeux avaient la lueur tremblante d'une lampe d'autel, et on ne songeait pas à admirer ses cheveux châtains, abondants et soyeux, dont une seule boucle glissait sur son cou trop long. Elle n'était pas laide cependant : une distinction innée, une grâce sans recherche, une bonté visible, un sourire d'ineffable douceur, ornaient ses traits irréguliers ; un rayon de l'âme dorait par instants cette figure blanche. Un poëte l'aurait aimée ; mais il n'y avait pas de poëte autour d'elle, ce soir-là.

Le jeune marquis en se trouvant avec sa cousine pour le quadrille lui parlait du ton le plus affectueux, avec une voix dont plus d'une femme lui avait avoué déjà le charme et la puissance. Il avait pris l'habitude de s'écouter parler lui-même, d'étudier ses intonations, d'en suivre l'effet, tout cela sans mauvaise intention, sans vouloir troubler personne, pour son propre plaisir, en artiste enfin. C'était sa coquetterie de diplomate. Il fut très-coquet ce soir-là.

Mademoiselle de Gerlande souriait doucement et tremblait. Elle avait été élevée par sa mère dans la pensée qu'elle serait un jour la femme de son cousin Louis de Trincavel ; sa jeune imagination avait caressé ce rêve avec un soin chaste et pieux, et, lorsque madame de Gerlande mourut, elle mourut plus tranquille sur le sort d'Henriette, dans la certitude que ce projet d'alliance se réaliserait certainement. Le père d'Henriette n'en doutait pas non plus, et les parents de M. de Trincavel pas davantage.

Dès qu'il eut atteint sa dix-huitième année, Louis fut attaché à l'ambassade de Constantinople, et, au moment où commence cette histoire, il était premier attaché. Il avait perdu son père dans cet intervalle, et il restait seul représentant d'un beau nom et maître d'une immense fortune.

Mais le jeune marquis, beau de sa personne, élégant homme du monde, avant même d'avoir quitté les bancs du collége, avait reçu de la nature, sous cette riche enveloppe, un esprit froid et sceptique ; aucune idée généreuse n'avait fait battre ce cœur de seize ans. Il appartenait à cette génération de Machiavels imberbes qui persiflent, avec la même grâce charmante, la foi, le dévouement, la poésie et la vertu.

Et Henriette l'aimait ! Du moins, elle croyait l'aimer ; aucune autre idée ne lui eût semblé possible. Elle avait passé de longues années à méditer dans son âme le plan de son bonheur, à se faire tout un trésor de bonnes pensées, de tendresses, d'abnégations, de dévouements. L'image du fiancé attendu était devant ses yeux sans cesse ; elle rapportait tout à lui, et, vers le soir, à l'église même, quand le souffle des cantiques se mêlait au parfum de l'encens, elle croyait, dans son pieux égoïsme, que les anges descendus exprès pour elle ne parlaient qu'à elle, et ne parlaient que de lui.

On comprend donc avec quelle émotion Henriette reçut son cousin, et quels sentiments l'agitaient, et combien la contredanse lui parut courte.

Son bonheur ne dura pas longtemps.

A la seconde contredanse, M. de Trincavel alla prendre la main de mademoiselle de Sauveplane, et, sans s'expliquer cette impression subite, Henriette sentit un froid mortel lui envahir le cœur.

Louis, dans l'intervalle des figures du quadrille, tantôt fixait sur mademoiselle de Sauveplane des regards où se peignait la plus vive admiration, tantôt lui parlait avec le désir évident de plaire. La belle enfant, sans sortir jamais de sa majestueuse réserve, daignait cependant sourire de temps à autre au jeune diplomate. Henriette pâlit visiblement et se renversa un peu sur sa chaise.

« Qu'avez-vous donc, ma mignonne ? » dit une voix derrière elle.

Henriette se retourna et aperçut une de ses meilleures et plus tendres parentes, la comtesse Simoine de Burgueroles, qui la regardait avec un intérêt profond. Madame de Burgueroles n'habitait point Paris ; elle y venait seulement passer quelques jours tous les ans, et logeait, dans ces occasions, chez sa cousine, madame de la Rivoire.

La comtesse de Burgueroles avait environ soixante ans ; sur sa physionomie intelligente et fine, on voyait la trace de bien des chagrins, mais surtout l'empreinte d'une angélique bonté. Veuve et sans enfant, sa vie tout entière n'était qu'une bonne œuvre ; sa modeste fortune, multipliée par l'intelligence du cœur, était le patrimoine des pauvres de son pays ; mais elle exerçait aussi une charité plus difficile peut-être ; elle savait guérir, elle aimait à guérir les misères de l'âme ; elle devinait, avec un instinct presque infaillible, les tristesses inavouées, les douleurs craintives, les désespoirs pudiques qui se cachent si souvent sous les splendeurs du monde ; elle devinait tout et consolait tout. C'était la sœur de charité des riches.

« Mais qu'avez-vous donc, chère mignonne ? répéta-t-elle.

— Rien, bonne cousine, rien, répondit Henriette.

— Tant mieux alors ; mais tu me trompes, mon enfant, tu as une larme par là qui veut tomber. »

Elle lui avait dit *vous* d'abord ; maintenant qu'elle était sûre du chagrin de la jeune fille, elle la tutoyait et la couvrait, en quelque sorte, d'un regard presque maternel.

« Lève-toi donc, mon Henriette, et allons causer un peu dans la serre, où il n'y a personne encore. Je veux, d'ailleurs, qu'on nous voie en tête-à-tête ; ça fera honneur à mes vieux ans, car tu es, ce soir, plus belle que jamais. »

La bonne comtesse savait bien que c'était précisément le contraire, et elle mentait ; mais le mensonge est permis aux anges.

Mademoiselle de Gerlande et madame de Burgueroles entrèrent donc dans la serre, qui était vide en effet, et s'assirent au fond sur un divan caché aux regards indiscrets par un large massif de fleurs naturelles, loin des danses, loin des bruits ironiques du bal, loin surtout de la belle Catherine de Sauveplane. Henriette reprit son calme.

« Comme vous êtes bonne, ma cousine, dit la jeune fille. J'étouffais dans ce salon, et vous l'avez deviné. Vous devinez tout, vous !

— Ah ! je devine tout..... Eh bien, voyons ! A-t-il été charmant pour toi ? »

Henriette devint toute rouge ; à la fois heureuse, inquiète, craintive et souriante, et ne sachant que répondre, elle embrassa la comtesse, qui se mit à caresser les cheveux de la jeune fille.

Un bruit de voix attira leur attention, qui redoubla au nom d'Henriette, que prononçait un des nouveaux venus.

C'étaient M. de la Rivoire et M. de Trincavel ; ils causaient et n'aperçurent ni la comtesse ni Henriette.

Le marquis parlait d'un ton de voix tranquille, parfaitement convaincu de l'excellence des choses qu'il disait.

« J'ai trop de raison, mon cher oncle, par tempérament et par état, pour ne pas réfléchir à tout et en tout. Un homme sérieux doit considérer, dans la femme qu'il épouse, tout ce qu'elle peut lui apporter de fortune, d'influence, d'alliances, de considération, de chances d'avenir et d'avancement. Dans ma position, et avec la magnifique carrière ouverte devant moi, je puis et je dois demander à une jeune fille non-seulement un grand nom, une grande fortune, une grande influence, mais encore une grande beauté. Ne souriez pas, mon oncle, tout est grave dans la vie. Vous ne me faites pas l'injure de croire que je tiens à la beauté de ma femme, pour mon propre agrément ; je n'ai pas de ces vulgaires préoccupations. Mais je tiens à ce que ma femme possède ces dons extérieurs qui honorent un mari, qui font partie, en quelque sorte, de sa position et de son mérite. Je suis encore attaché d'ambassade ; eh bien, je veux que le ministre puisse dire : « Madame de Trincavel serait une admirable ambassadrice ! » Vous comprenez, mon oncle ?

— Oui, il y a un peu de vrai, dit M. de la Rivoire.

— Mais, interrompit le marquis, Henriette, je le regrette fort, ne remplit pas ces conditions-là. Je ne lui dispute, certes, aucune de ses qualités, mais celle-là lui manque ; elle est délicate, frêle, pâle, maigre, chétive, timide enfin..... Ce n'est pas un crime d'être laide, mais c'est un malheur ; et elle est très-malheureuse..... voilà. Parlez-moi de mademoiselle de Sauveplane, avec qui je dansais tout à l'heure : beauté majestueuse, grand air, œil imposant, regard *ferme;* une vraie duchesse, qui honorerait la cour de France à l'ambassade de Vienne ou de Londres. J'y songerai.

— Mon ami, dit le comte au marquis, tu sais que des projets de mariage existaient entre Henriette et toi.....

— Oui, je me souviens ; je connais cela : Roméo et Juliette ! Est-ce que cela peut arrêter un seul instant un homme sérieux ? Allons donc ! Henriette n'est pas une sotte, je suppose, et, à son âge, une jeune fille n'attend plus de sérénades sous son balcon. Je n'ai pas l'air d'un Espagnol, et je n'ai pas de guitare.....

— Très-bien, mon garçon, dit le comte : tu feras ton chemin. Tu n'as pas de cœur, sais-tu?

— Je l'espère bien, mon cher oncle!... Mais, venez donc; on remarquerait notre absence, et, comme vous êtes l'oncle d'Henriette et le mien, on croirait que nous signons déjà des préliminaires, ce qui nuirait à mes projets sur mademoiselle de Sauveplane. Rentrons. »

Henriette et madame de Burgueroles restèrent seules. La jeune fille était immobile, droite et blanche comme sa robe; elle regardait devant elle fixement, et d'un regard sans rayon; un tremblement nerveux agitait ses mains; elle ne pleurait pas, elle ne parlait pas. Tout à coup, d'une voix sifflante et basse, elle dit à la comtesse :

« Vous avez entendu? »

La bonne comtesse prit les deux mains de la pauvre enfant dans les siennes, en la regardant d'un regard céleste au fond des yeux, comme pour chercher son cœur; puis elle lui dit d'une voix caressante et mouillée de larmes :

« C'est un bonheur qui t'arrive, mon enfant. M. de Trincavel était indigne de toi; il eût meurtri ton cœur sous son égoïsme de fer. Va! Dieu t'a sauvée et te fera trouver quelque jour un homme plus digne...

— Non, jamais, s'écria Henriette, jamais! Je ne crois plus; tous ces visages sont menteurs. Ma cousine, je resterai fille.

— Eh bien! mon enfant, j'ai une proposition à te faire. Paris ne te vaut rien, en ce moment surtout : ces fêtes, ces nuits passées au bal, cette existence factice, tout cela détruit ta santé; le grand air, l'air des champs, te serait si bon! Viens avec moi en Anjou, dans mon vieux petit castel; viens m'aider à soigner nos pauvres paysans; viens t'occuper des malheureux; viens faire des heureux : car, après tout, Dieu ne nous doit rien, mon enfant; au contraire; et nous le traitons trop en débiteur, lui, notre créancier. Mais mon curé te prêchera cela mieux que moi. Est-ce dit? viens-tu? Puis-je te demander à ta tante pour quelques mois? et partons-nous demain?

— Oh! oui, nous partirons! s'écria Henriette. Merci, ma cousine; comme vous êtes bonne! On me l'avait bien dit que, si je souffrais jamais, vous seriez là en même temps que le chagrin.

— Que veux-tu? ma fille, c'est l'habitude; et puis, il faut bien faire quelque chose dans la vie : le bon Dieu n'aime pas la paresse. Ainsi donc, c'est entendu : demain, à dix heures, je présente ma requête à ta tante; et, le soir même, en route pour l'Anjou. »

La jeune fille était pâle encore, sa main tremblait toujours; mais il y avait dans ses yeux quelque chose de résigné et de grave : un souffle du ciel avait passé sur sa douleur. Le lendemain, madame de Burgueroles quittait Paris avec Henriette.

Burgueroles était un petit château, bâti sur le modèle d'un château beaucoup plus grand, élevé vers la fin du règne d'Henri IV par le premier comte de Burgueroles.

Il était un peu délabré, le petit château, convenons-en, mais placé dans une position des plus pittoresques; et à travers les arbres, au delà d'une modeste rivière et d'un joli moulin, on entrevoyait le clocher aigu de l'église du village; aux murs un peu lézardés grimpaient des lierres touffus qui couronnaient les tourelles et le toit d'un diadème presque toujours vert. Tout était calme, tout souriait, et Henriette, en se réveillant le premier jour, admira cette nature luxuriante qui semblait lui dire la bienvenue. Elle sentit soudain pénétrer dans sa poitrine, avec le souffle du printemps, un apaisement et une douceur étranges.

Il était huit heures à peine; madame de Burgueroles entra dans la chambre de la jeune fille.

« J'ai vu tes fenêtres ouvertes, mon enfant, dit la comtesse, et je viens t'inviter à une promenade matinale jusqu'au village. »

Henriette fut prête en peu d'instants; elle offrit le bras à la comtesse. Madame de Burgueroles n'accepta pas, elle voulut, au contraire, donner son bras à la jeune fille un peu fatiguée; elle portait, en outre, un petit panier rempli de provisions.

« C'est le déjeuner de la mère Denis, dit-elle.

— Qu'est-ce que la mère Denis?

— C'est une bonne vieille aveugle qui habite une maisonnette sur la route du village.

— Elle est pauvre?

— Autant qu'on peut l'être.

— Et elle a une maison?

— Non, la maison m'appartient; c'est ma locataire.

— Combien paye-t-elle de loyer? dit Henriette en souriant.

— Ne ris pas; elle paye très-exactement et très-largement. Comme elle tricote fort bien, elle fait des bas, des camisoles, des jupons pour les pauvres.

— Et qui lui fournit la laine?

— Dame! puisqu'elle n'a rien, il faut bien que ce soit moi. »

En causant de la sorte, on arriva chez la mère Denis. Elle n'était pas levée encore. En entendant la voix de la comtesse, elle voulut quitter son lit absolument; mais comme aucune de ses voisines n'était là pour l'aider et lui rendre les petits soins nécessaires, force fut à madame de Burgueroles et à Henriette de s'en charger. Mademoiselle de Gerlande ne se levait jamais à Paris, sans deux femmes de chambre empressées à la servir.

Elle riait donc beaucoup, en aidant à la toilette d'une vieille paysanne. Il ne faut pas croire que ce fût facile, au moins : la mère Denis était impatiente de sa nature, et quand tout n'allait pas bien, elle se fâchait tout de bon, la mère Denis! Elle avait si bien pris l'habitude d'être servie par la comtesse, qu'elle la grondait tout uniment, comme elle eût fait à sa fille.

Henriette, qui n'était pas adroite à ce nouveau métier, ayant piqué d'une épingle le bras de l'aveugle, en reçut une vraie bourrade; elle avait le poignet sec, la mère Denis, malgré son âge! En sortant, Henriette était toute joyeuse.

« Maintenant, marchons un peu plus vite, dit la comtesse. Cette bonne femme nous a retardées; nous arriverons à la messe pour l'évangile, et M. le curé me grondera.

— Nous allons donc à la messe? Mais c'est jeudi.....

— Eh bien! fit la comtesse, il n'y a pas de mal à prier Dieu le jeudi comme le dimanche.

— C'est juste. »

A Paris, Henriette, quoique pieuse, n'allait à la messe que le dimanche; c'est que la vie du monde est si pleine de riens, qu'avec la meilleure volonté possible, c'est à peine si une femme peut être levée le dimanche à midi ou une heure. Dans la semaine, ce serait un rêve.

Elles arrivèrent après l'évangile, et M. le curé, qui les aperçut, adressa un regard de reproches à madame de Burgueroles, qui resta toute confuse.

La petite église était à peu près déserte, avouons-le : deux ou trois paysannes et quelques marmots étaient seuls répandus çà et là sur les bancs; mais, en face du banc de la comtesse, était un jeune homme, qui s'inclina, devant madame de Burgueroles, avec la retenue que le lieu comportait.

Après la messe, le jeune homme suivit la comtesse, et, après l'avoir saluée respectueusement, lui serra la main avec une sorte de tendresse; il s'inclina ensuite gravement devant mademoiselle de Gerlande.

« Quel bonheur! dit-il, vous voilà de retour, madame. Huit jours sans vous voir! nous étions tous orphelins ici.

— Flatteur! Venez-vous déjeuner avec nous à Burgueroles?

— Non, il faut que j'aille tuer un lapin pour le père Giraud, qui se remet de sa chute et a un appétit d'enfer.

— Oh! allez, mon cher Philippe : les bonnes œuvres, avant tout. Mais, ce soir, venez dîner?

— Avec bonheur, madame. »

Et le jeune homme se retira.

« Quel est donc ce jeune homme, avec son histoire de lapins? dit Henriette, quand elles furent seules.

— Ne riez pas, c'est un de mes élèves.

— Comment donc?

— Ah! c'est toute une histoire. Il s'appelle le baron Philippe de Morangers. Il n'est pas riche; il possède seulement une petite terre qui suffit à son existence, une façon de castel avec un pigeonnier sans pigeons. Il est fier et a toujours été irréprochable; seulement, c'est un sauvage, comme tu verras. Voici ce qui lui est arrivé : il y a trois ans, il tomba (quand je dis tomba, tu verras que c'est le mot propre), il tomba amoureux d'une jeune fille que je n'aimais guère. Elle s'appelait Honorine Duvau : c'était une coquette de la pire espèce, une folle de dix-huit ans, légère en apparence, mais froide comme le marbre en réalité. Cette jolie personne cherchait par monts et par vaux un mari, un vrai mari convenablement riche ; mais elle ne trouvait pas. En attendant, elle s'amusait à prendre, à la glu de ses petites mines, de ses gentillesses, quelques pauvres garçons naïfs, de véritables oiseaux étourdis, ma chère. Philippe fut de ceux-là, et il devint fou de cette folle. Comme il est le plus loyal des hommes, il alla naïvement demander la main de la personne en question. On la lui refusa, et on lui rendit grand service ; mais il se sentit blessé dans son cœur, dans son amour-propre, dans tout ce qu'il y a de sacré et de tendre, pour une âme fière, et il devint peu à peu un sauvage de l'aspect le plus sombre et le plus désespéré ; il se retira complétement du monde. C'est alors que j'allai le trouver.

— Je vous reconnais là, ma bonne cousine, interrompit Henriette.

— Je lui adressai un de mes plus beaux sermons ; je convins avec lui de la légèreté et de la perfidie des femmes ; je l'engageai à persévérer dans son projet de les fuir pour toujours, mais j'ajoutai qu'il ne pouvait point passer le reste de sa vie à maudire les filles d'Ève, et enfin je lui expliquai que la seule chose au monde qui pût le consoler d'un amour trahi, c'était la charité, amour qui n'est jamais trompé, parce qu'il donne tout et ne demande rien. M. de Morangers est un noble cœur ; il me comprit, et, depuis ce temps-là, c'est un petit Vincent de Paul. Mais il n'est pas riche, le cher enfant ; il donne tout ce qu'il a, mais il a bien peu. Sais-tu ce qu'il fait, quand il n'a plus rien à donner aux pauvres ? Il va à la chasse pour eux ; je le soupçonne même de braconner un peu. Dieu le lui pardonne ! Le fait est qu'il n'y a pas de pays où les perdrix soient aussi communes sur la table des paysans. Et voilà pourquoi Philippe tire en ce moment des lapins pour le père Giraud. »

Cette histoire égaya beaucoup Henriette, et elle riait encore, quand on rentra à Burgueroles pour le déjeuner. Du reste, elle mangea avec une verve de campagnarde, et songea, en souriant, aux petits gâteaux qu'elle trempait languissamment dans une tasse de thé, la veille même, à Paris.

Ce fut ainsi tous les jours : la vie la plus simple, la plus régulière, la plus paisible, la plus joyeuse en même temps ; une bienfaisance toujours en éveil, une douceur de relations que rien ne troublait, quelques visites de Philippe au petit château, quelques rencontres avec lui sous le toit des pauvres, voilà tout.

D'ailleurs, depuis l'arrivée de mademoiselle de Gerlande, M. de Morangers était plus sauvage que jamais ; il lui arrivait même de regarder la jeune fille avec une expression de colère concentrée, qui disparaissait, du reste, lorsque Henriette tournait vers lui ses yeux calmes et bons.

Mademoiselle Gerlande était depuis un mois à Burgueroles, lorsque la comtesse reçut une lettre dont le contenu la fit sourire.

« Qu'est-ce donc qui vous égaye ainsi, chère cousine? dit Henriette.

— Tu ne sais pas? Ce pauvre Trincavel n'épouse pas mademoiselle Sauveplane.

— Ah! fit Henriette froidement; pourquoi donc?

— C'est fort simple. Il voulait en faire sa femme, pour être plus vite ambassadeur; de son côté, elle tenait fort à être ambassadrice. Elle avait d'abord consenti, mais ce pauvre garçon n'est encore qu'attaché d'ambassade. Sur ces entrefaites, elle a trouvé un ambassadeur tout à fait... et elle l'épouse.

— Oh! ce pauvre Louis, il n'a pas de bonheur. » Et Henriette éclata d'un rire si franc, que madame de Burgueroles partagea bientôt sa gaieté...

Philippe entrait, en ce moment :

« Mais c'est une débauche de rire! s'écria-t-il; qu'y a-t-il donc?

— Rien, rien, dit madame de Burgueroles; nous parlons d'un beau monsieur, qui a trouvé mademoiselle de Gerlande trop laide pour l'épouser. Riez donc avec nous! »

Mais M. de Morangers ne rit pas du tout, et regarda même Henriette, d'un air très-peu compatissant, en murmurant :

« Voilà à quoi on s'expose ! »

Puis, il ajouta tout haut :

« Il est donc bien beau, ce monsieur?

— Mais assez, dit madame de Burgueroles. Les Trincavel sont renommés, du reste, par leur beauté, depuis cinq ou six générations.

— Ah! certes, M. de Trincavel! fit le jeune homme. Mais je l'ai vu ici, il y a trois ou quatre ans. Quel fat! »

Henriette était devenue pensive; Philippe devenait amer. La comtesse détourna la conversation.

Quelques jours après, on envoya chercher madame de Burgueroles, de la part d'une vieille paysanne malade, qui demeurait au loin dans les landes. La comtesse était fort souffrante ce jour-là, mais Henriette voulut absolument se rendre à la chaumière; elle partit donc dans l'américaine, conduite par le vieux cocher de la comtesse. Les chevaux firent rapidement les deux lieues qui séparaient Burgueroles des hautes landes; mais, en quittant la route départementale, on trouva de si mauvais chemins, que le cocher déclara ne pouvoir plus avancer sans péril. La ferme de la vieille malade, la mère Courtois, n'était plus d'ailleurs qu'à deux ou trois cents pas, et on apercevait le toit d'ardoise luisant au travers des arbres. Henriette se dirigea donc seule de ce côté.

A la porte même de la chaumière, elle rencontra M. de Morangers, qui arrivait par un autre chemin, le fusil sur l'épaule. Ils entrèrent ensemble.

La mère Courtois était malade, un peu de vieillesse, beaucoup de chagrin ; son petit-fils, seul soutien de sa misère, venait de *tomber au sort*, selon l'expression énergique des campagnes, et la perspective de cette séparation terrible, la gêne qu'elle s'imposait déjà, aggravaient encore l'état de sa santé chancelante. Acheter un remplaçant pour son petit-fils! elle n'y songeait que pour regretter avec désespoir sa misère. La pauvre femme expliqua aux deux visiteurs la situation où elle se trouvait, avec cette éloquence navrante que le malheur donne à tous ceux qu'il frappe; les yeux de Philippe et d'Henriette étaient pleins de larmes.

« Ma pauvre Courtois, dit le jeune homme, tout le monde ne peut avoir de chance dans cette vie; il faut espérer en Dieu, tout de même. Je ne suis pas riche, vous le savez, mais je ne dépense rien; voici, du moins, de quoi payer pendant quelques mois le médecin et le remède. »

Et il mit deux pièces d'or dans la main de la malade.

« Combien coûte un remplaçant, ma bonne femme? dit Henriette à son tour.

— Ah! madame, toute une fortune; au moins, dix-huit cents livres, Seigneur!

— N'est-ce que cela? Vous les aurez demain.

— Comment! s'écria la malade; c'est-il, Dieu, possible? Dix-huit cents livres à moi! Vous, me les donner! Vous êtes donc ben riche? Vous êtes donc l'épouse du préfet, Seigneur!

— Non, ma bonne femme, dit Henriette en souriant.

— Alors, vous êtes...; mais, oui..., puisque vous voilà ensemble...; vous êtes la promise de M. Philippe? »

Henriette rougit, et Philippe détourna la tête. La vieille continua :

« Ah! Seigneur! quel joli couple vous serez! Vous êtes tous deux beaux comme les astres du jour, mes chers enfants, et vous êtes bons comme les anges. Oh! oui, certes, vous êtes ben faits pour vous épouser! Ça prouve ben pour vous, mademoiselle, d'épouser M. Philippe, qui n'est pas riche, mais qui a un cœur d'or. Ce n'est pas comme cette demoiselle de la ville, qui lui a fait tant de peine...

— Assez, dit Philippe, assez, mère Courtois, et adieu. Il se fait tard.

— Et adieu donc, mes enfants. Que Dieu vous bénisse, parce que vous le faites aimer des pauvres gens! »

Philippe et Henriette sortirent. Philippe fut bien forcé de conduire Henriette jusqu'à la voiture; mais il ne disait pas un mot et était d'une pâleur presque livide.

Henriette le regardait à la dérobée. Je ne sais quelle idée singulière passa dans l'esprit de la jeune fille, mais elle dit tout à coup :

« Comme vous êtes sombre, monsieur de Morangers! Pas un mot! ce n'est pas galant. Mais je vous le pardonne; vous pensez sans doute à mademoiselle Duvau. »

A ces mots inattendus, Philippe bondit sur lui-même, et, regardant Henriette avec des yeux flamboyants et bientôt mouillés de larmes, il lui dit d'une voix sourde :

« Vous n'êtes pourtant ni sotte ni méchante, mademoiselle !... Pourquoi donc m'avez-vous dit cela ? »

Et, s'élançant dans le taillis qui longeait le chemin, il disparut, sans entendre Henriette, qui disait :

« De grâce, monsieur, ne croyez pas... Pardonnez-moi, monsieur Philippe... »

Henriette resta seule, triste, pensive, mécontente d'elle même. Trois mois se passèrent, pendant lesquels il ne fut plus question de cette scène entre Philippe et Henriette ; seulement la jeune fille, sentant qu'elle avait quelque chose à se reprocher peut-être, parla toujours à Philippe d'un ton plein du plus affectueux intérêt ; elle cherchait à le faire causer, à l'animer un peu. Philippe lui-même oublia quelquefois sa sauvagerie, et, un soir où elle avait eu pour lui de ces charmantes câlineries dont toute femme connaît le pouvoir, le jeune homme lui dit tout bas, en la quittant :

« Je vous pardonne.

— Quoi donc ? quoi donc ? dit madame de Burgueroles, qui était là, et qui avait l'oreille aussi fine que l'esprit.

— Rien, rien, dit Philippe en sortant plus vite.

— Qu'a-t-il donc à te pardonner, M. de Morangers ? répéta la comtesse, quand elle fut seule avec Henriette.

— Rien, ma cousine, oh ! rien.

— Ah ! ah ! ah ! fit la comtesse. »

Quelques jours après, on fut fort surpris de voir arriver à Burgueroles... Qui ? M. de Trincavel lui-même. C'est la comtesse qui le reçut au salon. Henriette était absente et courait dans le parc ; elle rentra tout à coup, sans rien savoir, animée par le feu de sa course et toute riante.

« Ma cousine ! dit M. de Trincavel. Oh ! mais... comme vous êtes belle maintenant ! »

Cet élan du marquis n'était pas diplomatique, mais il était naturel. Henriette ne s'en vengea que par un sourire.

« Maintenant ? » dit-elle.

Elle avait embelli, en effet. Ce n'était plus la Parisienne frêle, pâle, souffreteuse, chétive ; l'air des champs, les courses dans les landes odorantes, la pratique du bien, l'absence des plaisirs cruels de la vie mondaine, le temps donné aux pensées graves, tout cela avait changé et refait, en quelque sorte, l'aspect de la jeune fille.

Elle était belle maintenant : rien ne voilait son âme.

Le soir, M. de Trincavel demanda à madame de Burgueroles un entretien particulier, et passa dans le cabinet de travail de la comtesse. Henriette était seule au salon, lorsque Philippe entra ; il était sombre plus qu'à l'ordinaire, et dit tout d'abord à Henriette :

« *Il* est ici ?

— *Il?* Qui est cela : *Il?* Qui donc s'appelle *Il*, dans le pays? répondit Henriette.

— Vous savez bien de qui je parle? M. de Trincavel !

— Non, j'aime mieux *Il*. Mais en quoi cela peut-il vous déplaire qu'*Il* soit ici !

— Oh ! en rien.

— Moi, cela me plaît fort de le revoir, car il m'a dit, en arrivant : « Comme vous êtes belle... maintenant ! »

— Ah ! Il a dit cela?

— Sans doute : n'êtes-vous pas de son avis?

— Ma foi ! franchement, s'il vous trouve belle, il me donne des doutes sur votre beauté, car il a aussi mauvais goût que mauvais cœur.

— Et que vous avez, vous, mauvais caractère ! Quel sauvage vous êtes, monsieur ! et comme votre femme serait malheureuse !

— Ma femme ! Est-ce que j'aurai jamais une femme? Est-ce que je veux d'une femme? Allons donc ! »

La porte du salon s'ouvrit en ce moment, et M. de Trincavel parut, précédé de la comtesse.

« Ma chère enfant, dit madame de Burguerolcs, M. de Morangers est assez de nos amis, pour que nous puissions parler devant lui. Ton cousin, M. de Trincavel, me charge de te demander officiellement ta main. Qu'en dis-tu?

— Ah ! grand Dieu ! dit Henriette avec un rire éclatant : abondance de biens ! Voilà M. de Morangers qui me demande aussi ma main... à moi-même.

— Mademoiselle !... Que dites-vous là? dit Philippe.

— Je dis que je vous l'accorde. M. de Trincavel est trop riche et trop beau, pour moi ; M. de Morangers a besoin d'une fortune, pour ses bonnes œuvres ; il aura la mienne. »

M. de Trincavel était un peu décontenancé. Henriette lui tendit la main :

« Merci, dit-elle, vous m'avez mariée.

— Comment?

— Mais, oui, vous m'avez appris que j'étais laide. Vous savez, au bal..., votre conversation avec M. de la Rivoire?... J'étais là.

— Ah ! triple sot, fit le marquis.

— Allons, sauvage, dit la comtesse à Philippe, vous épouserez cette belle enfant... Bénissez le hasard... et moi ! » ajouta-t-elle plus bas.

Vicomte Henri de BORNIER.

W. MULREADY. R.A. PINXᵗ — FREDᴷ A. HEATH. SCULP.

MADAME BONTEMPS.

Vᵛᵉ JULES RENOUARD, PARIS.

MADAME BONTEMPS

Madame Bontemps, femme du premier valet de chambre du roi, était devenue veuve, avec la ferme résolution de ne jamais cesser de l'être. Si elle ne regretta guère l'état conjugal, ce n'était pas la faute de son époux défunt, lequel ne fut ni plus jaloux, ni plus tyran, ni plus fâcheux que ne devait l'être un mari comme il faut; car le premier valet de chambre du roi se piquait d'avoir appris à vivre à la cour, et ses principes de mari commode se trouvaient résumés dans cet axiome : « Ce que femme veut, l'époux le veut. » Le moyen de remplacer un pareil homme en ménage! Aussi, madame Bontemps se décida-t-elle à rester veuve.

Elle passait pour charmante, pour adorable : elle était jolie, non que ses traits fussent typés dans les proportions de la beauté parfaite, mais à cause de la gentillesse et de la grâce françaises, qui animaient sa physionomie et toute sa séduisante personne.

Ces minois chiffonnés, coquets et agaçants, font souvent de plus grandes passions, que les belles et régulières figures qu'on se contente d'admirer de loin. La grisette porte en soi plus d'atomes crochus que la princesse. Madame Bontemps n'était donc, à vrai dire, qu'une grisette, de noble maison, de toilette recherchée et de manières distinguées. Louis XV ne la rencontrait jamais, qu'il ne lui pinçât la joue, par amour de son premier valet de chambre. Une peau éclatante de blancheur, des yeux bruns, vifs et bien fendus; une petite bouche riante pour étaler des dents de nacre; une taille à tenir dans les deux mains, une charnure ferme et potelée, des bras et des jambes du plus rare modèle, un pied de Cendrillon : n'était-ce rien que ces avantages physiques, pour relever un moral déchu de sa sensibilité primitive et gâté par l'adulation du sigisbéisme?

Elle avait autant de préjugés que de quartiers de noblesse; elle tempérait la galanterie secrète par la pudeur publique; elle cachait ses adorateurs, à l'ombre de son mari; et quand elle fut devenue libre, elle les congédia, pour essayer de la vertu. Elle n'avait pas trente ans, et comme si elle goûtait les délices d'une sagesse à l'épreuve, en véritable fille repentie, elle retourna pas à pas vers l'innocence. Elle déclara tout net, qu'elle ne voulait ni amour ni mariage; bien plus, elle se lança dans le grand monde, fière de tout le mal que faisaient ses yeux, et ambitieuse d'attirer à elle quantité de cœurs qui ne servaient qu'à parer son triomphe : c'était un luxe de rigueur et de cruauté inflexibles, un manége de froide coquetterie, un guet-apens de sourires et de regards. Elle semblait vouloir expier ses vieux péchés; et ses appas avaient une puissance si funeste, que, dans l'espace d'un an, l'amour sans espoir causa trois départs, deux suicides et une démence, le tout pour les menus plaisirs de madame Bontemps.

Cependant, il y avait un galant qui ne partait pas, qui ne mourait pas, qui ne tombait pas en folie : cet homme tenace et obstiné était un arrière-cousin de la veuve, Balthasar de Candal, capitaine dans les gardes françaises, mauvais sujet, perdu de dettes et de débauche, capable de tout, excepté d'un bon sentiment et d'une bonne action. Aussitôt après le décès de M. Bontemps, il s'était offert, pour lui succéder, et il avait d'avance invité à la noce les officiers, ses camarades d'orgie. Les refus dédaigneux de sa cousine n'ébranlèrent pas l'assurance de son projet, et, sans amender ses mœurs, il persévéra dans ses poursuites, quoique madame Bontemps se délivrât de cette importune parenté, en la consignant à la porte de son hôtel. M. de Candal s'y présentait en vain toutes les fois qu'il n'était pas à table ou au jeu; il s'emportait, menaçait le portier et les valets, s'apaisait en jurant d'épouser bon gré mal gré, et s'en allait rejouer ou reboire.

Le 14 novembre de l'année 1767, l'Académie royale de Musique donna la première représentation des *Fragments nouveaux*, précédés du prologue des *Amours des Dieux*, par Fuzelier. Le premier ballet était *Théonis*, paroles de Poinsinet, musique de Berton, Trial et Garnier; le second, *Amphion*, paroles de Thomas, musique de Laborde. Les vers du petit Poinsinet, aussi plats et flasques que ceux de l'académicien Thomas étaient ampoulés et martelés, avaient mal inspiré les auteurs de la partition, et le spectacle fut glacial, malgré quelques danses bien dessinées. L'Opéra occupait alors, depuis l'incendie du 6 avril 1763, l'ancienne salle des Machines, aux Tuileries, construite par Vigarani, refaite ensuite pour les inventions scéniques de Servandoni, et nouvellement restaurée par Soufflot, qui eut de furieuses critiques à essuyer : le parterre étant trop élevé, les premières loges trop saillantes, les secondes trop écrasées, et le paradis trop reculé. Lorsque madame Bontemps sortit de sa loge, où elle affectait d'être ordinairement seule, la foule, qui se dégorgeait dans les corridors et les escaliers, en proclamant tout haut le ballet détestable, la sépara de son laquais et l'enveloppa de manière à l'épouvanter; mais son effroi prit une autre direction, à l'aspect d'une figure d'homme, qui n'avait rien d'humain, et qui semblait avoir les yeux rivés sur elle. Ce monstrueux personnage n'était pourtant ni bossu ni boiteux, et son frac mordoré, à boutons de diamants, témoignait assez que la fortune l'avait mieux traité que la nature : la petite vérole avait labouré et déformé cet épais visage au teint blafard; une bouche sans lèvres s'ouvrait comme un gouffre au-dessous de la place du nez absent, et deux cercles rouges tannaient la peau à l'endroit des sourcils; des cheveux jaunes couronnaient un front balafré d'une cicatrice violette.

Madame Bontemps faillit s'évanouir, à cette apparition immobile devant elle; mais elle jeta un cri, à cause de la presse où elle se trouvait étouffée. Aussitôt, comme par enchantement, le monde qui se ruait, fut contenu et repoussé; elle put rejoindre son laquais qui la protégea jusqu'à son carrosse; et, quoique l'affreux visage ne se montrât plus, elle retourna souvent la tête avec terreur, sans apercevoir cet homme dont l'horrible souvenir restait empreint dans son esprit : elle en rêva, pendant deux nuits.

Elle avait oublié tout à fait sa rencontre de l'Opéra, lorsqu'elle reçut par la petite poste un billet de deux mille écus payables au porteur, renfermé dans une lettre conçue en ces termes :

« Madame, vous avoir vue, c'est le plus grand bonheur et aussi le plus grand malheur de ma vie, puisque je suis condamné à ne vous connaître jamais, pour n'être pas haï de vous. Mais je ne puis dorénavant me passer de vous voir, ne fût-ce que votre ombre; je vous suivrai, comme un démon invisible, et toute la joie que j'ai à espérer ici-bas ne sera qu'en vous. Je sens bien que l'amour de ma part doit faire horreur; cependant, je vous aime, Madame, et n'ai pas la témérité de vouloir être aimé. Pourvu que je contemple vos traits, intercepte un rayon de vos yeux, surprenne un son de votre voix, je serai heureux autant qu'il m'est permis de l'être. Sans doute, cette sympathie qui s'est révélée si vite dans mon cœur n'a pas atteint le vôtre, et vous ne désirez pas même savoir quel est l'infortuné qui souhaitait mourir, avant de vous avoir rencontrée; mais je vous adresse une prière que vous n'aurez pas la cruauté de refuser : ayez la complaisance insigne d'aller à l'Opéra le plus souvent possible et de laisser tomber un regard de pitié dans l'orchestre, dès que vous entrerez; ce regard, si rapide, si indifférent qu'il soit, je le ramasserai avec transport, et je tâcherai qu'il me suffise. La toilette ajoute beaucoup d'éclat à la beauté des femmes; je serai intéressé à ce que vous paraissiez belle, et je me persuaderai alors que vous m'appartenez; c'est pour aider à cette illusion, que je vous prie d'accepter deux mille écus, que je vous transmettrai chaque mois, en reconnaissance du service que vous me rendrez.

« Le Chevalier DE VERTUMNE. »

Madame Bontemps fut indignée de cette étrange épître, et, si le billet au porteur ne l'avait pas accompagnée, elle eût accusé M. de Candal de s'être moqué d'elle; mais les deux mille écus prouvaient assez que cet amant contemplatif agissait très-sérieusement. Madame Bontemps s'imagina qu'on avait voulu porter atteinte à sa réputation, et que des amoureux éconduits se vengeaient de sa dureté, en lui tendant un piége : elle remit la lettre et l'argent aux mains du lieutenant de police, M. de Sartines, et elle fit grand bruit de l'insulte, pour en avoir réparation éclatante. Durant plusieurs représentations de l'Opéra, tous les yeux furent braqués sur l'orchestre, bien des femmes de cour souhaitant s'attirer par là une rente mensuelle de deux mille écus; bien des hommes blâmant le scandale que madame Bontemps avait préféré, plutôt que de rire d'une insolence anonyme, de brûler la lettre et de garder la somme ou de la distribuer aux pauvres. Personne enfin ne découvrit le chevalier de Vertumne. Madame Bontemps ne manqua pas, néanmoins, de fréquenter l'Opéra, et ses yeux s'abaissaient involontairement vers l'orchestre, pour interroger des visages qui ne lui apprenaient rien de ce qu'elle cherchait. Une seule fois, elle crut entrevoir dans l'ombre du couloir le hideux inconnu au frac mordoré et aux boutons de diamants, mais il disparut aussitôt qu'elle l'eut envisagé. Depuis cette aventure, qui avait retenti dans tout Paris, madame Bontemps devenait plus rigide dans sa conduite et s'isolait des derniers amis qu'elle s'était conservés; elle ne souffrait pas même qu'on la visitât dans sa loge de l'Opéra, où elle s'affichait avec une élégance de modes éblouissantes; plus elle brillait par ses charmes, moins on croyait à sa vertu.

Le mois fini, elle reçut encore une lettre du chevalier de Vertumne, qui lui reprochait tendrement de s'être nui à elle-même par un esclandre maladroit : il la remerciait d'avoir exactement répondu à ses désirs, les seuls qu'il osât former, et il la priait de lui continuer ses bonnes grâces. Dix mille écus appuyaient cette demande exprimée avec une timide politesse. Deux lignes, en *post-scriptum*, l'invitaient à songer à *quelqu'un*, tous les soirs. Cette fois, elle déchira la lettre, et mit l'argent en portefeuille.

Un soir, en revenant de l'Académie royale de musique, son laquais s'était arrêté dans un cabaret, et le cocher, à moitié ivre, poussait les chevaux au galop et au hasard: Madame Bontemps, couverte de pierreries, ne remarquait pas qu'on l'égarait dans les rues désertes qui avoisinent les Champs-Élysées, et que les lanternes du carrosse éclairaient à peine la route, par une nuit obscure de décembre; elle rêvait mollement au triomphe que sa beauté avait obtenu sur toutes ses rivales et elle comptait les passions qu'elle avait semées autour d'elle. L'écho de la musique bruissait au fond de sa mémoire, et, encore captivée par tous les sens, elle se représentait dans l'orchestre un beau et mystérieux jeune homme, tantôt brun, tantôt blond, soupirant, pâle et tremblant, les yeux et la pensée fixés sur elle... Soudain une voix rude crie au cocher : *Arrête!* Le cocher fouette ses chevaux, et la voiture reste immobile. « Madame, ce sont des voleurs ! » dit-il d'une voix lamentable, et la portière s'entr'ouvre, et deux mains armées se présentent, et deux faces ignobles, contractées par un rire méchant, grimacent aux reflets des poignards.

« Misérables, lâches ! vous ne croyez attaquer qu'une femme ! » s'écria un passant.

Un cliquetis de fer ne dura qu'un instant : la chute pesante de deux corps et des gémissements annoncèrent que le combat s'était terminé par du sang répandu. Madame Bontemps, qui avait l'envie de s'évanouir, mit la tête à la portière pour voir sur le pavé un homme mort et un autre blessé; mais son libérateur s'était enfui aussi promptement que le troisième voleur qui tenait les chevaux. Le cocher raconta, encore blême de peur, qu'au moment où trois malfaiteurs s'étaient précipités sur le carrosse, un homme les avait attaqués si vivement, qu'ils n'eurent pas le temps de se reconnaître ni de se défendre. Madame Bontemps attribua naturellement ce service au chevalier de Vertumne, et s'étonna que celui-ci ne jugeât point l'occasion favorable pour se démasquer.

Elle outrepassait les conditions du marché qu'elle n'avait pas souscrit et dont elle touchait la rente, car elle n'attendait pas le soir, pour donner une pensée et presque un regret au galant inconnu qui lui avait sauvé la vie; elle s'habitua tellement à l'introduire dans son intimité par la préoccupation, qu'il se logea dans son esprit au plus près de son cœur. Sa pruderie n'était pas en défaut, puisqu'elle n'avait à rougir que devant son miroir; mais elle était vraiment éprise des procédés délicats de cet amant invisible, si différent des amants égoïstes, exigeants, indiscrets : elle faisait tout bas des vœux pour qu'il se déclarât, et tout haut elle continuait à se dire invulnérable. Elle n'anéantit pas la lettre du troisième mois, et la relut à plusieurs reprises avec émotion.

Alors elle se demanda pour la première fois la cause de ce mystère. Ce soi-disant chevalier de Vertumne devait être un homme de qualité, d'après la richesse de ses dons et l'entente de ses manœuvres amoureuses; mais, s'il avait en partage jeunesse, fortune et rang, pourquoi choisir un expédient si bizarre, au risque d'être mal jugé et haï du premier coup? Quant aux conditions nécessaires à un amant, l'esprit et la bonne mine, elle les lui prêtait généreusement, et elle l'eût imaginé fils du bourreau, assassin, histrion, avant de lui supposer la figure commune et déplaisante; c'est que déjà elle l'aimait comme un dieu caché dans les nuages. Elle se faisait un devoir d'assister à chaque représentation de l'Opéra, et de regarder l'orchestre comme un seul homme; par intervalles, elle oubliait le spectacle, en s'abandonnant aux illusions de la musique et de la rêverie; sans cesse, devant elle, revenait un fantôme charmant qu'elle s'était formé avec toutes les qualités qui peuvent embellir un être idéal. C'était encore une lutte de l'amour et de la pruderie; mais l'amour devait avoir le dessus, aussitôt que le chevalier de Vertumne viendrait en personne décider sa victoire.

Un matin, madame Bontemps relisait la dernière lettre de son chevalier, lorsque entra dans son boudoir un notaire suivi d'un clerc et d'un avocat, tout habillés de noir comme pour un enterrement. Depuis la perte de son mari, qui avait laissé une fortune délabrée et compromise par un procès interminable, elle s'était fiée à l'habileté des hommes de loi et n'avait pas même pris garde à l'écho des débats judiciaires. Les gens de cour ne se souciaient guère du dérangement de leurs affaires, tant qu'ils n'étaient pas ruinés de fond en comble au profit de leurs intendants.

« Madame, dit le notaire avec les précautions polies et oratoires qui doivent précéder l'annonce d'une fâcheuse nouvelle; hélas! Madame, ces Messieurs et moi, nous arrivons du Palais, où votre procès a été jugé par devant la Grand'Chambre.

— Eh bien, Monsieur, interrompit madame Bontemps, ennuyée de ces détails de chicane, allez parler à mon intendant.

— Hélas! Madame, reprit le notaire d'un ton plus piteux, vous avez perdu votre procès, sans recours ni appel, avec dommages et intérêts, le tout s'élevant à une somme de trois cent mille écus, pour lesquels acquitter il est besoin de vendre votre château de Maubois, vos terres de Normandie, votre maison de ville, voire même vos diamants.

— Quoi! Monsieur, cela n'est pas possible! s'écria la veuve, stupéfaite et tremblante : Bontemps m'a laissé, en mourant, plus de cinquante mille livres de rentes, non compris ses pensions sur la cassette du roi, et depuis moins de deux ans que je l'ai perdu...

— J'en suis désolé, Madame, répliqua le notaire; mais la vérité est que, de votre fortune, il ne vous restera presque rien, les frais payés, car vos biens-fonds ne se vendront pas avantageusement par voie de justice, et les frais se montent déjà fort haut.

— Le coureur du chevalier de Vertumne demande à être introduit à l'instant auprès de Madame! » vint dire un valet.

Madame Bontemps se trouvait dans une situation trop critique, pour qu'un message de son ange gardien ne lui fût pas d'un bon augure; elle fit entrer aussitôt le coureur, qui était vêtu d'une livrée noire : il apportait une riche cassette, de bois de senteur, brodée d'acier, et si lourde qu'elle faillit la laisser tomber en la recevant avec la clef. Cette cassette était remplie de rouleaux de louis et de rentes de l'Hôtel de Ville. Elle rougit, à la vue de ce trésor qu'on lui offrait, hésita un moment à cause de la présence de quatre témoins, et se décida enfin à lire une lettre à son adresse, d'une écriture bien connue.

« Madame, j'ai appris tout à l'heure le jugement que la Grand'Chambre a rendu contre vous; j'ai pensé que c'était l'occasion de vous montrer où sont vos amis. Je fus tenté, je l'avouerai, de paraître moi-même, pour mettre à vos pieds tout ce que je possède : j'ai craint que ma vue seule vous empêchât d'accepter, non pas un don, non pas un prêt; mais, hélas! une dette que j'ai contractée en m'attachant à vous, en vous consacrant ma misérable vie. Pardonnez-moi de m'abuser à ce point, c'est là l'unique bonheur auquel je puisse prétendre; il m'a semblé que vous daigniez m'accorder une pensée où la haine n'a pas de part; il m'a semblé que vos yeux me cherchaient peut-être..... Oh! qu'ils ne me rencontrent jamais! car alors il ne me resterait qu'à mourir de douleur, puisque toute intelligence entre nos cœurs serait rompue. Je dois me borner à vous voir, sans être vu; à vous aimer, sans être aimé!

« Votre CHEVALIER. »

Le coureur s'était éclipsé. Madame Bontemps ne finissait pas de lire la lettre, avec des nuages dans les yeux et du trouble au cœur. Elle courut à la fenêtre, par un pressentiment subit, et aperçut un carrosse noir sans dorure, qui s'éloignait; elle retourna s'asseoir, en essuyant deux larmes de reconnaissance et de joie.

« Messieurs, dit-elle négligemment aux gens d'affaires qui attendaient sa réponse dans un respectueux silence, je ne vois pas d'urgence à vendre mes terres et mon hôtel;

je garderai mes diamants, s'il vous plaît. Faites le compte de mes dettes; j'ai fait prendre cet argent, pour satisfaire tout ce monde de créanciers. Quant à mon procès perdu, je n'y veux pas revenir, et j'ordonnerai à mon intendant de liquider ma fortune. »

Depuis cette éclatante preuve de dévouement anonyme, le chevalier de Vertumne se tint à l'écart, quoique chez madame Bontemps la gratitude fût devenue de l'amour, et que cette belle veuve eût accepté les six cent mille livres comme la dot anticipée d'un futur mariage.

Un soir, au retour de l'Opéra, où ses regards avaient passé en revue les spectateurs de l'orchestre, elle se hâta de quitter ses plumes, ses dentelles et ses paniers de baleines, pour renvoyer ses femmes et jouir d'un tête-à-tête avec l'amant invisible qu'elle tirait de son imagination, avant de demander au sommeil les rêves d'une tendresse solitaire. Tous les soirs, elle écrivait longuement à celui qu'elle ne connaissait que par des services signalés et des lettres énigmatiques. La plume est plus hardie que la langue, et d'ailleurs cette correspondance ne devait jamais arriver à son adresse.

Elle était à peine assise devant son secrétaire, l'âme remplie et oppressée, qu'un éclat de rire partit derrière elle, et un homme s'élança de l'alcôve où il se tenait caché. M. de Candal avait gagné une femme de chambre de sa cousine, et, par l'entremise de cette fille, il avait pénétré dans l'appartement, avec la résolution hardie de n'en sortir que nanti d'une promesse de mariage. Le vin dont il s'était largement abreuvé encourageait cette violence, et il comptait déjà sur les revenus de madame Bontemps, pour solder les dettes du jeu et redorer l'écusson de ses armoiries. Il s'était disposé comme pour la parade : les cheveux pommadés et poudrés, le chapeau en arrière, la moustache frisée, l'uniforme neuf, et la posture militaire. Il s'avança en triomphateur, et salua, la main sur son épée. Madame Bontemps, plus surprise qu'effrayée, se leva majestueusement, sans prononcer une parole ni montrer aucune émotion, et marcha droit à la sonnette; mais M. de Candal se jeta au-devant d'elle, et lui saisit le bras en homme qui sent l'avantage de sa situation. Il la regardait en raillant; elle le regarda avec mépris et colère.

« Monsieur de Candal, lui dit-elle, je vous avais congédié assez positivement pour être désormais délivrée de votre présence; mais vous avez l'audace de vous introduire de nuit dans mon hôtel!... Sortez, Monsieur, ou je vous fais chasser par mes gens!

— Chère cousine, je ne sortirai pas et vous n'appellerez personne! reprit le capitaine.

— Monsieur, ne m'insultez pas! Je veux bien vous épargner un affront, en faveur d'une parenté que vous déshonorez, mais ne tardez pas à vous retirer sans esclandre. A cette heure indue, si l'on vous découvrait ici, que penserait-on de moi, mon Dieu!

— Sarpejeu! on penserait que vous n'avez pas mal choisi votre homme; comme dit la chanson : *Brave en amour, brave à la guerre!* D'ailleurs, on ne penserait rien, puisque demain vous m'épouserez, par droit de conquête.

— Insolent! j'oublie le sentiment d'indulgence qui me retenait, et je vais appeler mes gens, qui châtiront votre impudence, monsieur le capitaine.

— Si vous avez la fantaisie d'appeler votre monde, je veux d'abord appeler le mien, que j'ai convié à nos fiançailles, belle cousine ! »

En prononçant ces mots ironiques, M. de Candal entraîna madame Bontemps vers la fenêtre, qu'il ouvrit avec fracas, et, l'attirant de force sur le balcon, il lui montra la rue pleine d'uniformes et d'épées nues. Des applaudissements répondirent à l'invitation du capitaine, qui soutenait dans ses bras sa victime à demi évanouie et frémissante d'indignation.

« Madame, dit M. de Candal remerciant du geste ses camarades, voici messieurs les officiers de mon régiment. Demain ils porteront témoignage de ce qu'ils ont vu, à moins que vous ne consentiez, par écrit, à m'épouser, sarpejeu !

— Monsieur de Candal, murmurait à son oreille madame Bontemps, vous êtes un lâche ; car, si j'avais un frère ou un ami pour me défendre, vous n'eussiez jamais osé attaquer ma réputation... Par pitié, faites éloigner ces soldats ivres !

— Mes amis, en avez-vous assez vu ? cria le capitaine, assuré du succès de son entreprise ; n'ai-je pas bien réellement conquis le cœur et la main de madame ma cousine ?

— Oui, oui, s'écrièrent à la fois les gardes françaises ; la place est prise !

— Nous allons signer le contrat, sarpejeu ! mais, comme il s'agit d'un mariage légitime, mes amis, je ne veux pas de scandale. Ainsi, allez m'attendre chez Ramponneau, où nous fêterons, le verre en main, mon enrôlement dans la compagnie des époux.

— Adieu, bonsoir ! répétèrent ces bruyants compagnons : Vive Candal ! Vive l'amour ! Vive Ramponneau ! En marche, enfants ! »

Les officiers avaient remis l'épée dans le fourreau, et s'éloignaient d'un pas aviné, dans la rue, qu'ils ébranlaient de leurs chansons bachiques. M. de Candal, qui ne doutait plus de son triomphe, acheté au prix de l'honneur d'une femme, referma la fenêtre et déposa sur un fauteuil madame Bontemps, noyée de larmes et suffoquée de sanglots ; il fléchit le genou, par dérision, devant elle, et lui baisa les mains, en ricanant.

« Sarpejeu ! belle cousine, lui dit-il avec un ton d'autorité conjugale, désormais vous serez ma femme, ou bien je vous perds de réputation !

— Monsieur, répondit-elle en le suppliant, monsieur de Candal, vous ne ferez pas cela, vous ne commettrez pas cette atroce méchanceté !...

— Sarpejeu ! si ce n'est pas moi, ce sera quelque autre ; car trente officiers aux gardes françaises, sans compter les voisins que le bruit a mis aux fenêtres, publieront l'aventure...

— Monsieur, je ne puis croire encore à cet excès de noirceur et de lâcheté... Prenez-y garde, monsieur de Candal, il pourrait vous arriver malheur. Je sais une personne qui me défendrait, qui me vengerait !

— J'ai un rival, la belle ?... Sarpejeu ! j'en suis fort aise... je vous le tuerai, sans miséricorde..., à moins que vous ne me signiez sur l'heure une promesse formelle de mariage... Nous sommes déjà cousins, la moitié du chemin est faite pour devenir époux. Dressons le contrat! Combien de fortune en rentes, terres, maisons? Cent mille écus? Bah! trois cent mille? Peut-être six cent mille! Hein? un million?... »

Tout à coup, une vitre de la fenêtre se brisa, et sans qu'on vit personne sur le balcon, un bras tenant une épée se montra par l'ouverture du carreau brisé. Madame Bontemps poussa un cri et se cacha la tête dans ses mains.

« Un homme de cœur n'outrage pas une femme! dit une voix, haletante de fureur. qu'on entendait distinctement du dehors. Viens, Candal, si tu es digne de porter une épée; viens chercher ce qui t'attend, misérable insulteur de femmes, viens mourir!

— Moi ou toi! cria le capitaine, irrité de ces injures, en observant la contenance indécise de madame Bontemps. Madame, vous aviez un galant?... Sarpejeu! voilà de la vertu! Je raconterai demain l'aventure, quand j'aurai expédié ce pauvre garçon.

— Monsieur, monsieur de Candal, ce que vous dites est bien affreux! interrompit madame Bontemps, en le retenant; je vous atteste que je ne le connais pas, que je ne l'ai jamais vu... Par grâce, évitez de le rencontrer; fuyez, ne lui faites pas de mal!

— On ne lui fera pas une égratignure, si vous voulez: à condition que vous m'épouserez, en me donnant tous vos biens par contrat.

— Viendras-tu, Candal? reprit la voix menaçante, tandis que l'épée tournoyait, comme pour frapper un ennemi dans l'air. Faut-il que je te nomme lâche en face? Faut-il. pour te forcer à la réparation que je réclame, te souffleter et te cracher au visage? Viens donc, si tu n'es pas le plus vil et le plus abject des hommes! Il ne s'agit que d'un duel à mort entre nous, et tes complices t'attendent chez Ramponneau.

— Sarpejeu! il a raison: le devoir, avant le plaisir. Rengaîne ta brette, Monsieur l'amoureux, et songe tout à l'heure à autre chose qu'à casser des vitres.

— N'y allez pas!... Je ne vous laisserai point partir!... Écoutez donc, monsieur de Candal, c'est un insensé! il vous tuera!... Si vous le tuez, vous!...

— Adieu, Madame, je vous donne le temps de réfléchir; épousez-moi, pour faire taire la médisance, et je couperai les oreilles, sarpejeu! à quiconque dira que vous aviez un amant, avant votre second mari. Me voici, monsieur le chevalier des dames! »

M. de Candal disparut par la fenêtre; et quand madame Bontemps s'y traîna pour le rappeler encore, elle l'aperçut au bas du balcon, où il avait rejoint un homme qui le querellait d'un accent animé. Ils s'éloignèrent ensemble, sans discontinuer leur altercation, et l'inconnu se retourna vers le balcon, avec un geste qui ressemblait à l'envoi d'un baiser. Madame Bontemps, bouleversée par des émotions successives, dont la plus forte était une crainte sympathique pour celui qu'elle aimait, tomba sans connaissance sur le balcon.

Elle ne reprit ses sens que vers le matin. Elle se releva, toute pâle et toute glacée; la mémoire avait mêlé les événements de la nuit, qui lui réapparaissaient comme à travers un voile. On frappait à la porte de la chambre, et ce bruit avait interrompu son évanouissement: c'était une lettre qu'un coureur venait d'apporter, avec instance de la lui remettre, malgré l'heure matinale. Elle décacheta la lettre machinalement, et, en la lisant, les idées lui revinrent une à une pour recomposer ses souvenirs.

« Madame, vous êtes vengée : M. de Candal est mort, en se repentant de sa faute. Je suis heureux que ma vie ait servi à vous conserver l'honneur; mais me sera-t-il permis d'implorer la seule récompense que je doive espérer ici-bas? Je vous prie, si le sort d'un malheureux qui vous aime vous inspire une généreuse pitié, je vous supplie de me donner une heure, la dernière!... qui me sera la consolation de toutes celles que j'ai passées à souffrir. La voiture que je vous envoie vous conduira, si vous daignez vous confier à la loyauté d'un mourant. « Le Chevalier DE VERTUMNE. »

Madame Bontemps avait la poitrine gonflée, les yeux secs, le visage altéré; elle sentit alors la véhémence de sa passion pour un être, qui ne s'était révélé à elle que par des bienfaits, et qui allait lui parler d'amour en rendant l'âme. Elle ne balança pas : elle se roidissait contre la douleur, elle fût partie dans cet état de désordre extérieur où l'avaient mise des secousses si terribles. La femme de chambre, qui l'avait livrée à M. de Candal, répara en souriant l'abandon de sa chevelure et de ses vêtements. Madame Bontemps, accablée d'un désespoir vague, monta dans le carrosse noir stationné devant sa porte, et ne reconnut pas les rues, encore endormies, où l'emportait la rapidité des chevaux et des roues.

Le carrosse entra dans la cour d'un grand hôtel, et des domestiques en livrée noire vinrent à sa rencontre sur le perron. Elle suivit ses guides en silence, et, après avoir traversé plusieurs appartements ornés avec un luxe princier, elle fut introduite dans une chambre à coucher, où les volets fermés laissaient à peine filtrer assez de jour pour distinguer les objets. Des habits tachés de sang et une épée gisaient dans un coin; deux hommes, au maintien et au costume graves, étaient occupés, l'un à écrire, l'autre à préparer des linges : le notaire et le chirurgien.

« Est-ce elle? demanda une voix sourde qui s'exhala du lit caché par des rideaux impénétrables à la vue. Ah! tant mieux! ajouta la voix, sur une réponse affirmative. Madame, je n'aurais plus la force de dicter, si je tardais quelques minutes; je veux terminer une affaire importante avec Monsieur. » Il dicta lentement au notaire : « Je donne et lègue irrévocablement à madame Bontemps, veuve du premier valet de chambre du roi de France, mes biens meubles et immeubles, tant à Paris qu'en Allemagne, et ce, en toute propriété, sans exception; j'entends que ladite dame, soit et demeure ma légatrice universelle, en témoignage de l'affection que je lui avais vouée. »

— Ah! Monsieur, je n'accepte pas!... s'écria la veuve, fondant en larmes, et s'approchant du lit dont les rideaux s'agitèrent. Non! vous pouvez vivre, vous vivrez!... Et moi, Monsieur, qu'ai-je fait pour mériter une pareille marque d'attachement? Je ne vous connais pas; je désirais vous connaître!... Je refuse le don que vous me faites; je suis déjà votre débitrice d'une somme considérable... Vivez, pour que je m'acquitte envers vous!

— Madame, cette parole est bien douce, venant de votre bouche; mais, je vous le répète, ceci est mon testament; la blessure est mortelle, je le sens. »

Le chirurgien inclina la tête en signe approbatif, et madame Bontemps tomba dans un fauteuil, le front dans son mouchoir. Le moribond signa avec effort l'acte que lui présentait le notaire; puis, il commanda qu'on le laissât seul avec madame Bontemps.

Il y eut entre eux un instant de silence, que celle-ci rompit par une crise de plaintes entrecoupées; on pleurait aussi derrière les rideaux.

« Monsieur, dites que vous ne mourrez point?... Vous ne savez point combien le dévouement a d'empire sur une femme! Vous m'aimiez, n'est-ce pas? Je vous crois à ce que j'éprouve pour vous... Pourquoi vous en ferai-je un mystère? Moi aussi, je vous aime...

— Ah! Madame, si ma blessure n'était pas mortelle, cette bonté de votre part la guérirait!... Répétez encore que vous m'aimez, mais n'approchez pas, je vous en conjure: mon incognito doit durer autant que moi... Elle m'aime, et je meurs!... Si j'avais seulement une heure, un jour!... Elle m'aime!...

— Je serais bien ingrate de n'être pas touchée de la délicatesse de votre amour! Vous m'avez sauvé la vie et l'honneur; je vous dois ma fortune... Il n'est qu'un prix à tant de générosité, et je vous l'offre : c'est mon cœur, c'est ma main!... Nous vous guérirons, avec le temps, avec des soins, de tendres soins...

— Je vous dis que je meurs!... Madame, chère amie, je ne présumais pas un bonheur si complet, si inouï : être aimé de vous et vous l'entendre dire!

— Mais, à présent, ne dois-je pas vous voir, mon ami? Il y a un baume dans le regard de la femme qu'on aime : je veux vous dire en face que je vous aime...

— Non, pas encore, jamais!... Vous ne m'aimeriez plus!... Eh bien! oui, dans un moment... La joie m'a tué... Aimé d'elle! Maintenant, regardez-moi!... »

Madame Bontemps frémit, en écoutant un soupir prolongé; elle écarta les rideaux que retenait une main convulsive, et elle entrevit avec horreur sur l'oreiller un visage effrayant de laideur et de difformité, sur lequel la mort avait passé : c'était le monstre qu'elle avait rencontré un soir à la sortie de l'Opéra. Elle le pleura pourtant, mais sans oser le regarder une seconde fois.

La *Gazette de France*, dans son numéro du lundi suivant, annonça le décès du prince de Wissembourg, « qui habitait Paris depuis quelques années, disait le rédacteur, et y vivait fort retiré, à cause des désagréments de sa figure. »

P. L. JACOB, bibliophile.

UN SACRIFICE

A Dieppe, sur les falaises qui, comme de gigantesques remparts, se dressent en surplombant la haute mer, un jeune homme et une jeune fille suivaient le sentier herbeux qui les côtoie, et se dirigeaient vers le hameau du Puys, blotti dans un pli de terrain, comme un nid dans la mousse. Ils étaient beaux et robustes, et l'un et l'autre dans la plénitude de la jeunesse; l'homme portait un costume de marin, et la jeune fille celui des paysannes normandes. L'heure était matinale : le soleil sortait de sa brume diamantée, et la grande mer semblait un prisme mouvant, dont chaque flot étincelait comme un écrin merveilleux; l'alouette montait des seigles fleuris, en modulant ses notes vives et perlées, auxquelles répondaient tous les allègres éveils du printemps.

« Pourquoi, mon brave Étienne, te désoler de notre séparation? dit la jeune fille, en appuyant sa main sur l'épaule de son compagnon; j'ai bon courage, continua-t-elle en essuyant ses yeux baignés de larmes; je me sens plus heureuse de te voir remplir un devoir sacré, que je ne le serais d'un bonheur qui ne nous coûterait rien. N'est-ce donc pas très-beau, Étienne, de sacrifier le fruit de huit années de dur travail, tes pénibles épargnes, ta chère liberté, et l'ajournement de nos deux projets d'union, pour payer la dette de ton père et assister sa pauvre veuve? N'est-ce pas très-bien, cela? Va, cousin, il n'y a vraiment de parfaite félicité, que celle que l'on a rudement gagnée, et je t'approuve.....

— Je sais, Mariette, que tu n'as jamais visé à ton intérêt; tu as remplacé dignement ta défunte mère dans le ménage, tu as élevé, soigné tes sœurs, et, malgré la lourde besogne, tu as trouvé le loisir de t'instruire dans les livres, pour en faire profiter ta petite sœur Denise, sans jamais prendre ton plaisir que dans la vue de celui d'autrui, et tu fais tout

C. S. LIDDERDALE, PINXT G. GREATBACH SCULPT

UN SACRIFICE

Vve JULES RENOUARD, PARIS

cela si gentiment, si gaiement, que chacun t'aime autant qu'il te respecte. Nous allions nous marier dans deux mois, c'était réglé; tu portes l'anneau des fiançailles, et voici que le malheur est arrivé....! Je me suis engagé pour cinq années, je vais chercher fortune aux pays lointains, et je pleure, parce que je te quitte, parce que je tremble que ton amitié ne me soit arrachée, et qu'à cause des nécessités de la famille tu ne consentes à accepter un autre mari que moi.

— Quant à cela, cousin, je te jure qu'il n'en sera rien, et je tiendrai mon engagement. Je t'aime de toute mon âme; mon amour fait ma force et ma vie; à tout devoir accompli, il était ma récompense. N'avons-nous pas été accoutumés ensemble et unis comme deux doigts de la main? Nous sommes de même âge, de même souche, et ni toi ni moi n'avons jamais regardé, pour nous plaire et nous aimer, en dehors de nous. Quand tu reviendras, Étienne, pauvres ou enrichis, nous nous marierons; si le sort t'est contraire, personne ne t'en voudra de ne pas pouvoir parachever l'extinction de votre dette... Quant à moi, je vais lever une petite école pour les enfants du Pollet; j'y gagnerai notre existence, et pourrai achever l'éducation de ma petite Denise, trop chétive, trop délicate, pour en faire une artisane. Ne te tourmente point, à cause de nous : si j'étais trop embarrassée, je vendrais ma part des prés que nous avons du côté d'Arques. »

Ils s'entretinrent ainsi, quelques instants encore, mêlant leurs larmes, leurs souvenirs salubres, et leurs espérances fortifiantes; puis, dans une chaste et suprême étreinte, ils se dirent adieu, l'adieu du revoir..... Le jeune homme s'élança, sans se retourner, du côté du port, où le bâtiment qui devait l'emporter mit bientôt à la voile. Monté sur le tillac, il agita son mouchoir pour saluer sa bien-aimée, qui, du haut de la falaise, suivait, de son cœur déchiré et de ses yeux en pleurs, les balancements du navire *la Mouette*, qui portait toute sa fortune!

Étienne s'était arrangé avec un industriel intelligent et probe, propriétaire, aux Antilles, de terrains en friche, qu'il voulait exploiter par des procédés nouveaux. M. Fromentel avait reconnu dans Étienne les qualités essentielles à un bon agent; il n'avait pas craint de se l'attacher par de sérieux avantages et la promesse certaine d'une part dans les bénéfices à venir. Le marché avait été conclu pour cinq ans.

De son côté, Mariette, courageuse et résolue, avait exécuté son projet. Sa bonne conduite, sa moralité, son zèle parfait, plus que son savoir, lui amenèrent des élèves; mais la pauvre fille s'exténuait, non-seulement le jour, mais encore une partie de la nuit, à préparer les leçons du lendemain. Quelques heures d'un sommeil calme et pur la reconfortaient; elle attendait, avec la confiance ailée de l'espoir, le retour de l'absent. Les lettres arrivaient régulièrement de la Martinique; elles étaient, à chaque courrier, plus intéressantes; les affaires prospéraient. Étienne s'instruisait, en s'initiant aux sciences commerciales; puis, à mesure que le temps marchait, l'espoir rapprochait ces deux cœurs braves, loyaux et fidèles.

Enfin, l'heure du retour a sonné; Étienne arrive, par le paquebot prochain. Il revient avec un honnête pécule. Il liquidera la dette paternelle; il achètera une maison, un verger, pour y établir sa fiancée, sa famille; mais il travaillera: il est laborieux, jeune, instruit, et le repos n'est profitable qu'aux vieillards et aux infirmes.

Le signal est donné. La *Mouette* mouille au port, s'y balance, triomphante; les amis, les parents sont sur la jetée. Décrire la joie de Mariette est indicible, joie cependant mêlée d'appréhension vague et inquiète, car Étienne est embelli, ses traits sont distingués et mâles; l'intelligence, le succès par le travail, ont laissé leur empreinte sur son large front, qu'ombragent des boucles profuses et noires. L'aisance et la jeunesse règnent en tous ses mouvements..... Il a trente ans; Mariette aussi; mais déjà le visage de la jeune fille s'est creusé et aminci; ses cheveux sont moins touffus, son teint pâli; la bouche a perdu ses riants contours, et la taille, sa vigoureuse souplesse; les labeurs multiples l'ont vieillie, et, au fort de sa joie, elle est comme effrayée.....

Denise entrait dans sa dix-huitième année: c'était tout le printemps de sa sœur aînée, mais plus mignonne, plus gracieuse; élevée, par elle, avec une sollicitude maternelle, l'enfant la vénérait.

Le retour d'Étienne à Dieppe changea les habitudes des deux sœurs. Sa présence quotidienne au logis enleva quelque chose à leur douce intimité. Denise boudait quelquefois de ne sembler plus la première dans la pensée de Mariette, et quittait tout à coup les fiancés, les laissant à leur causerie, pour aller se promener solitaire sur la plage.

Étienne paraissait brusquement rêveur, et ne pressait point l'époque du mariage. Cependant il avait acheté, meublé une jolie maisonnette, avec un verger, dans le voisinage d'Arques; il avait bravement satisfait à ses obligations de fils dévoué; d'autre part, Mariette avait congédié les écolières, et restait songeuse, en préparant son trousseau, auquel sa sœur travaillait aussi. Une larme furtive, tombée sur un ourlet, éveilla un essaim d'inquiétudes dans le cœur de l'aînée.

« Qu'as-tu donc, ma Denise? lui demanda-t-elle anxieuse?

— Rien: sinon que je veux vous quitter, répondit-elle en éclatant en sanglots. Tu vas être bien heureuse, et n'as plus besoin de la petite Denise, qui déjà depuis longtemps projette d'entrer au couvent. J'attendais le retour de ton fiancé, pour t'en demander la permission, et j'y suis fermement résolue! » ajouta-t-elle, en se jetant à son cou.

Mariette, dans une douloureuse surprise, questionna l'enfant, combattit avec force cette soudaine vocation. Elle pria, supplia, pour obtenir une confidence. Prières, supplications furent vaines; elle ne parvint qu'à lui arracher un sursis... Toutefois, elle observa, surveilla, épia la jeune fille: elle ne découvrit rien... Mais, un matin, qu'elle était sortie pour rejoindre Étienne au bord de la mer, Mariette entra dans sa chambre, et trouva sur la table une sorte de buvard, une écritoire et une plume encore humide. Elle ouvrit le cahier : une page d'écriture fraîche venait d'y être appliquée ; l'empreinte retournée y restait intacte. Tremblante, elle s'empara du papier, l'approcha d'un miroir, qui remit l'écriture à son état normal, et lut ces lignes :

« Mon cher Étienne,

« Je veux partir !... Et cependant mon cœur n'est point ingrat, oh ! non, il ne l'est pas ! mais il est malade, Dieu seul le peut guérir. Mon éloignement ne fera tort à personne ; vous m'oublierez, en faisant le bonheur de ma sœur ! Quel chagrin elle aurait si elle soupçonnait combien je vous aime et combien nous nous aimons ! Car vous m'aimez aussi, Étienne : je l'ai senti, je l'ai vu ; vos regards, votre trouble, me l'ont appris, l'autre soir, quand je suis tombée de l'échelle. Vous étiez éperdu ; ce baiser sur mon front et ces mots partis de votre épouvante : « Reviens à toi, ange, reviens ! Je t'aime, mon âme t'appartient ! » Ce baiser et ces mots ont rappelé en mon être le sentiment et la vie. Et depuis, j'en savourais le souvenir ; mais le réveil honnête est venu, la réflexion a chassé la folie. J'ai pensé à ma sœur chérie, à la sainteté, à la force de vos liens, à leur durée... Cachons donc à Mariette cet amour insensé... Mais j'en triompherai, Étienne !... Autrement, vous en ferais-je l'aveu ? »

Mariette, après cette pénible lecture, fut prise de vertiges, puis d'une douleur si cuisante, qu'elle souhaita mourir ; elle s'affaissa... Lorsqu'elle revint à elle, elle implora le ciel dans sa détresse suprême, en criant : « Mon Dieu ! grâce et pitié ! » Son dévouement de minute en minute, ses veilles, ses fatigues, ses renoncements et ses rêves pour récompense, tout s'écroulait, s'effondrait... Son mariage, si dûment espéré, serait donc le malheur de ceux qu'elle adorait, et le sien, par conséquent ? Non, non, il n'en sera pas ainsi, elle s'immolera ; si elle en meurt, qu'importe ! personne n'a besoin d'elle et n'en connaîtra la cause.

La résolution, la raison, ont vite cours dans une âme d'élite ; après une journée passée dans des tortures indicibles, elle s'exécuta. Comme prise d'un mal subit, elle s'était renfermée dans sa chambre, sans qu'Étienne et Denise obtinssent de veiller à son chevet, la malade affirmant n'avoir besoin que de solitude et de repos. Le lendemain, elle se leva, pâle et résignée : son état de faiblesse révélait seul les angoisses subies. Elle se sentit assez bien, pour vouloir sortir, appuyée sur Denise ; elle se rendit auprès de la mère d'Étienne, assise près de la plage où il faisait construire un batelet. La sœur de son cousin jouait avec son petit enfant, et Denise, heureuse de la guérison de Mariette, se faisait violence pour cacher la tristesse qu'elle avait au fond de l'âme et cherchait à paraître gaie : elle s'était déchaussée, pour aller quérir de jolis coquillages qu'elle rapportait dans son tablier. Tout le monde semblait content. La mère d'Étienne demanda tout à coup : « A quand la noce ? » Son fils, qui s'était appuyé au bateau, pour contempler Denise, laquelle tricotait pensive en face de lui, fit un soubresaut.

Mariette répondit, dans sa douleur silencieuse : « Écoute, Étienne, et vous, sa mère, sa sœur, et toi, Denise ? Je renonce au mariage !... Ma santé et mes goûts sont changés. Je préfère rester fille et vivre comme par le passé. Ainsi donc, cousin, reprends ta parole, comme je reprends la mienne, sans fâcherie et en bonne entente. Ne sois point affligé de ma résolution nouvelle, elle est sage; je t'aimerai comme un frère, comme un fils, car, bien que du même âge, je semble être ton aînée et de beaucoup. Les fleurs et les fruits sont rares aux mêmes branches. Le fruit mûr doit céder la place à la fleur. »

Et, comme Étienne protestait, et que Denise restait muette et troublée, Mariette continua doucement, en s'adressant au jeune homme : « Je sais que tu me considères, que tu as foi en mon jugement : laisse-moi arranger les choses, selon mes désirs et mon amitié. Épouse ma sœur Denise, si elle y consent, si elle veut bien me remplacer et renoncer au couvent... Dites, mes chers enfants, le voulez-vous? »

Et, les attirant contre son sein, il lui sembla qu'il avait cessé de battre.

« Est-ce bien vrai, est-ce possible, ce que tu dis là? demanda la jeune fille éperdue.

— C'est la vérité de mon sentiment! murmura Mariette, en passant au doigt de Denise l'anneau qu'elle portait au sien.

— C'est bien parlé, répondit la sœur d'Étienne. Mariette a raison; il faut que Denise épouse mon frère : la jeunesse avec la jeunesse. »

Étienne, d'abord incertain et fort embarrassé, finit par accepter l'héroïque échange. Le mariage se fit. Mariette fut sublime, et personne n'y prit garde, car les heureux sont souvent atteints de myopie.

Elle vécut six mois, avec les jeunes époux, portant dans son âme un cilice. Son humeur, sa gaieté, sa douceur, étaient comme autrefois; seulement, elle s'amincissait graduellement; des teintes bistrées apparaissaient à ses tempes amaigries; le dessous des paupières se violaçait, et comme elle ne se plaignait point, on ne voyait pas que la vie s'en allait, et on ne faisait rien, pour la retenir. Un matin, elle mourut; ce fut sa délivrance, car elle avait caché la croix du sacrifice sous les fleurs charmantes de la bonté la plus généreuse et de l'abnégation la plus aimable.

TULLIE BLUM.

W. F. YEAMES A.R.A. PINXT

F. LIGHTFOOT. SC.

LA FUITE DU PRÉTENDANT

Vve JULES RENOUARD PARIS

LA FUITE DU PRÉTENDANT.

L'insurrection jacobite, excitée en 1715, au nom de Jacques III, par le comte de Marr, dans le nord de l'Écosse, n'avait pas eu les résultats que ses heureux commencements semblaient promettre.

Le Prétendant, Jacques Stuart, qui était enfin sorti de France à travers mille dangers pour aller se mettre à la tête de ses partisans, trouva, en débarquant à Petershead, une petite armée, affaiblie par la misère, la désertion et le découragement. Au lieu de ranimer l'énergie des défenseurs de sa cause, il les refroidit et les dégoûta, par des plaintes inopportunes sur les embarras de sa situation, qui empirait tous les jours. En moins d'un mois, il eut porté le dernier coup à cette malheureuse rébellion, qui allait fournir de nouvelles victimes à la politique sanglante du gouvernement anglais.

Le roi Jacques, jugeant la partie perdue pour lui, résolut de retourner en France et de reprendre son modeste titre de chevalier de Saint-George, sous lequel il avait vécu, obscur et tranquille, jusqu'à cette périlleuse et vaine expédition. Il ne confia son projet de départ, qu'à Kenmure, frère du brave laird écossais, qui, fait prisonnier à la défaite de Scheriffmorr, avait expié son dévouement aux Stuarts en livrant sa tête au bourreau de Londres. Sir Kenmure n'était pas moins attaché à la royauté de Jacques III, pour laquelle il eût versé tout son sang avec joie sur un échafaud, ou plutôt sur un champ de bataille. Depuis l'enfance, il partageait l'exil du Prétendant. Ils étaient tous deux du même âge; ils se ressemblaient tous deux, moins par les traits du visage que par l'habitude de leurs manières et de leur physionomie. A force de vivre côte à côte dans une intime intelligence, ils avaient fraternisé d'idées, de sentiments et de mœurs, en sorte que cette identité morale s'était étendue insensiblement à des similitudes matérielles et physiques. Ils reflétaient l'un et l'autre sur leur figure noble et fière les éclairs orageux de la fatalité; on n'aurait su dire lequel des deux était le roi proscrit, lorsque Kenmure, assis auprès de son maître sombre et rêveur, fixait ses regards d'aigle à l'horizon des montagnes, dans l'espoir de découvrir les étendards patriotiques des Highlanders.

Mais les montagnards, que le Prétendant attendait comme des libérateurs, ne quittaient pas leurs cabanes, aux sons des cornemuses et des *pibrocs* nationaux. L'armée jacobite, campée à Perth, diminuait chaque jour et se trouvait comme paralysée par une foule de familles écossaises, qui venaient chercher un refuge contre la proscription. Le général Cadogan avait amené un renfort de six mille Hollandais au duc d'Argyle, qui commandait l'armée anglaise, et qui, disposant alors de forces bien supérieures à celles des rebelles, se préparait à sortir de son camp fortifié de Stirling et à marcher contre Jacques III, dont le Parlement d'Angleterre avait mis la tête à prix.

On était alors dans les premiers jours de février 1716. Le Prétendant, se promenant, un soir, avec Kenmure, dans le camp où les feux avaient été éteints par une pluie furieuse, entendit des soldats qui complotaient entre eux de s'emparer de lui et de gagner ainsi les mille livres sterling promises à quiconque le livrerait mort ou vif au duc d'Argyle.

Kenmure allait fondre, l'épée à la main, sur ces traîtres; mais Jacques l'arrêta et l'entraîna dans la tente royale, où il n'eût pas de peine à le décider à prévenir, par une prompte fuite, les mauvais desseins des conspirateurs. Le Prétendant était, d'ailleurs, autorisé à se méfier du comte de Marr lui-même, qui, ayant échoué dans sa prise d'armes, ne manquerait pas de se faire un otage du malheureux prince, qu'il avait appelé en Écosse. Jacques et son confident se préparèrent, sur l'heure, à s'échapper du camp, avant qu'on soupçonnât leurs intentions et qu'on y mît obstacle. Dès qu'ils eurent éloigné tout le monde, en feignant de vouloir écrire des dépêches pendant une partie de la nuit, ils s'enveloppèrent dans leurs plaids aux couleurs bariolées, et cachèrent sous ces manteaux écossais leur épée française, dont la poignée d'or les eût trahis.

Ils s'embrassèrent, en pleurant, comme pour un dernier adieu, et se glissèrent silencieusement hors de la tente.

La nuit était alors sans lune; pas une lumière ne brillait dans l'étendue de ce camp en désordre, où chefs et soldats dormaient pêle-mêle sur la terre marécageuse. A peine si la lueur de quelques claymores annonçait que les sentinelles veillaient à leur poste.

Kenmure s'approcha d'un vieux montagnard qui gardait l'entrée du quartier des Mac-Gregor, et qui murmurait, en caressant sa barbe blanche, la chanson belliqueuse de son clan.

« Ami, lui dit Kenmure, dans l'ancien idiome des montagnes d'Écosse, si ton prince se présentait à toi en te demandant la vie, que ferais-tu ?

— Je lui offrirais la mienne à genoux, répondit le vieillard en portant la main à sa claymore avec enthousiasme, et mon corps serait le rempart de son corps.

— Eh bien ! reprit Kenmure, en invitant le Prétendant à se montrer : voici le roi

Jacques, qui est poursuivi par des assassins. Ils sont trop nombreux, pour qu'on leur résiste avec les armes. Laisse-nous passer et conduis-nous hors de l'enceinte du camp; ensuite, tu reviendras à cette place te faire tuer, plutôt que de livrer passage aux régicides. »

Le montagnard s'inclina en silence devant le Prétendant, et baisa le bas de son manteau, en répandant des larmes de respect et de douleur; puis, il se releva et marcha rapidement, sans tourner la tête, jusqu'à la sortie du camp, où les gardes, avertis de loin par le vieil Écossais, qui leur parla dans la langue des montagnes, se prosternèrent et se découvrirent à l'approche de leur roi. Le Prétendant, qui n'avait pas encore ouvert la bouche, demanda gracieusement à son guide quelle récompense il désirait.

« Vous suivre et vous défendre! » répondit le montagnard, en continuant de marcher en avant, sans attendre l'assentiment du Prince.

Le Prétendant, à peu de distance du camp, s'arrêta, pour tenir conseil avec Kenmure. Ils ne restèrent pas longtemps indécis sur le parti qu'ils devaient prendre ; car les moments étaient précieux, et le roi Jacques risquait de tomber au pouvoir des *habits rouges*, en essayant de se réfugier dans les montagnes, comme le lui proposait le vieux Mac-Gregor.

Le prince se détermina donc à gagner l'embouchure du Lay, où une barque le conduirait à Dundée, au point du jour; il trouverait dans cette ville un vaisseau, qui le ramènerait en France à travers la flotte anglaise. Le montagnard qui, malgré son grand âge, avait le pied léger et sûr, fut envoyé pour chercher un bateau et le tenir prêt à traverser le fleuve. Le Prétendant et Kenmure devaient, pour le rejoindre avant le jour, suivre un chemin qu'il leur indiqua en les quittant.

Mais, dès qu'ils furent engagés dans ce chemin que Kenmure ne connaissait pas, ils s'écartèrent de la route qu'on leur avait tracée dans la direction de la mer, et bientôt, sans s'apercevoir de leur erreur, ils s'éloignèrent de plus en plus de leur destination et finirent par lui tourner le dos tout à fait.

Ils allèrent ainsi à l'aventure, pendant toute la nuit, et ils furent bien étonnés, aux premières clartés du matin, de ne voir autour d'eux que des rochers nus, entre lesquels ils avaient marché en s'imaginant côtoyer les bords de la mer, parce que, dans l'obscurité, la neige qui couvrait les sommets de ces rochers, ressemblait à l'écume des vagues dans le lointain. Le Prétendant et Kenmure s'arrêtèrent, découragés, ne sachant de quel côté le hasard les avait poussés et s'ils n'étaient pas entourés d'ennemis.

Ils se confièrent de nouveau à leur fortune et marchèrent, en doublant le pas, à travers la gorge sauvage où ils étaient prisonniers.

Soudain les échos retentirent d'un bruit de trompettes et de tambours sonnant une marche militaire.

La disposition des rochers avait empêché les fugitifs d'entendre de loin cette musique guerrière qui arriva brusquement à leurs oreilles, lorsqu'ils parvinrent à un endroit où la route plongeait d'en haut sur la vallée. Ils aperçurent au-dessous d'eux une forte colonne de piétons et de cavaliers, qui s'approchaient, enseignes déployées, et qui s'enfonçaient dans la montagne, en gravissant le sentier pierreux, resserré entre deux murailles inaccessibles, dans lequel une rencontre était inévitable. Kenmure reconnut les uniformes anglais et les couleurs de George Ier; il eut aussi le temps de reconnaître le cours du Forth, le château de Stirling, encore occupé par les gens du comte de Marr, et, au pied de cette place imprenable, le camp fortifié du duc d'Argyle.

Il comprit que la fuite n'était plus possible pour le prince et lui, soit qu'ils avançassent, soit qu'ils reculassent; car la route ne leur offrirait pas, à deux lieues de distance, une retraite où ils pussent attendre la nuit suivante pour revenir sur leurs pas. D'ailleurs, ils étaient harassés de fatigue, et leurs bottines de cuir de cerf avaient été coupées par les cailloux tranchants qui ensanglantaient leurs pieds meurtris.

« Mon prince, nous sommes perdus tous les deux, dit-il en lui pressant les mains, si vous refusez de vous prêter à l'unique plan de salut que je vous offre. Vous voyez que nous avons les habits rouges devant nous, et que nous ne pourrions retourner en arrière, sans être atteints? Laissez-moi donc arrêter ces chiens qui nous donnent la chasse, pendant que vous mettrez quelques lieues de pays entre eux et vous. Hâtez-vous de passer à Dundée, où vous serez plus en sûreté qu'ici...

— Et toi? interrompit le Prétendant, qui ne songeait pas à se séparer de son ami.

— Moi! reprit Kenmure : n'ai-je point assez à faire, pour empêcher qu'on vous poursuive? Adieu, Sire, ne regardez pas derrière vous, et que Dieu sauve le roi! »

Le Prétendant refusait d'abord de consentir à une séparation dont il ne prévoyait pas le terme; mais les prières de Kenmure, qui lui embrassait les genoux, le décidèrent autant que le son des trompettes qu'on entendait de plus en plus près. Ils se jetèrent dans les bras l'un de l'autre, et le roi Jacques partit en gémissant.

Dès que le Prétendant fut hors de la vue de sire Kenmure, qui l'accompagnait de regards pleins de larmes, ce fidèle serviteur rabattit son chapeau sur ses yeux, attacha sur son épaule l'écharpe blanche qu'il portait à sa ceinture, et se drapa dans son plaid, de manière à grandir sa taille. Il composa aussi son visage et sa contenance, pour se préparer à la rencontre de la cavalerie anglaise qui arrivait au grand trot, le général Cudogan et ses officiers en tête de six corps de troupes.

« Mylords! cria Kenmure, au milieu de la route : quel est celui de vous qui veut gagner cent mille livres sterling? Je suis Jacques Stuart, roi d'Écosse. »

Kenmure fut sur-le-champ environné d'une foule curieuse et intéressée. Chacun voulait avoir part à la prime offerte par le roi d'Angleterre, mais le général Cudogan se la réserva pour lui-même.

Il ordonna une halte, et se consulta longuement avec son état-major, pour savoir ce qu'il y avait à faire. Dans la joie d'une si belle capture, il voulait rebrousser chemin, au lieu de pousser jusqu'à la ville d'Aburnety, où le duc d'Argyle l'avait envoyé pour observer les mouvements des rebelles. Il oubliait les devoirs de la discipline, et se proposait de mener à Londres son prisonnier, sans le remettre entre les mains de son chef suprême, le duc d'Argyle. Enfin, il céda aux conseils de ses officiers, en adressant au duc un message dont la réponse se fit attendre jusqu'au soir.

Le duc était absent du camp de Stirling, et se reposait de la guerre dans un château voisin. Il apprit avec joie la fin de la campagne et la prise du Prétendant, qu'il avait hâte de voir. Cudogan eut donc ordre de revenir au camp, avec ses troupes.

L'escorte de Kenmure, conduite par Cudogan en personne, défila en silence, vers minuit, au bas du rocher escarpé sur lequel est construite la forteresse de Stirling, ce gothique manoir des rois d'Écosse, qui l'ont habité et embelli, à l'époque où les reines, selon un usage immémorial, venaient y faire leurs couches, comme dans un nid de vautour.

Kenmure leva les yeux vers ce donjon royal, qui lui rappelait les ancêtres de son maître, et il sentit un mouvement d'orgueil patriotique, en songeant que Stirling appartenait encore au dernier des Stuarts.

« Général, dit-il à Cudogan qui galopait à ses côtés, je prétends vous faire un plaisir presque égal à celui que vous causera l'argent du roi George. Souhaitez-vous d'être maître de Stirling, avant le lever du soleil?

— Comment cela? reprit le général, alléché par cette question; ces braves gens n'ont pas envie de se rendre, pour être pendus à leurs créneaux?

— Eh bien! je vais vous faire ouvrir les portes de la place : tirez seulement un coup de pistolet, pour attirer du monde aux murailles; déployez un drapeau blanc, en signe de pourparler, et laissez-moi inviter mes amis de Stirling à mettre bas les armes, en demandant la vie sauve. »

Cudogan, enchanté d'une conquête facile qui lui rapporterait honneur et profit, s'approcha du rocher avec le faux Stuart, et déchargea un de ses pistolets, qui donna l'alarme aux sentinelles du château :

« Messieurs! cria Kenmure aux soldats que les clameurs d'alerte attirèrent sur les remparts : je vous annonce que le roi Jacques est à la tête d'une grosse armée d'Higlanders, et qu'il marche à votre secours. Donc, ne cessez pas de vous bien défendre, et mourez, s'il le faut, pour votre religion et votre patrie! »

Kenmure fut décapité, comme l'avait été son frère, et Jacques Stuart, qui avait repris son nom de chevalier de Saint-George, en renonçant à redevenir roi d'Écosse, continua de vivre paisiblement à Paris, où il se consolait de ses disgrâces aux représentations de l'Académie royale de musique.

P. L. JACOB, bibliophile.

LA FILLE DU JARL

SAGA NORSE

I

BRUNHILDE, la fille du chef, est assise près d'une fenêtre de la salle des fêtes, où elle attend le retour de son père, en veillant sur le sommeil d'un enfant, son jeune frère, qui dort demi-nu au milieu des armures, et en regardant au loin, dans la vallée, pour découvrir la chasse de Snorro.

Les joues de la fille brune ont perdu leurs teintes empourprées; ses yeux bleus sont voilés d'un nuage, comme ceux d'une elfe, à qui les Puissances du Walhalla ont révélé les choses funestes.

Elle songe aux paroles du Jarl Snorro, et la voix sonore de son père vibre toujours à ses oreilles :

« Par Freya la grande, à qui tu fus consacrée! tu ne seras pas la femme d'un étranger, adorant le dieu de l'étranger; nul guerrier n'emmènera sur son vaisseau la vierge du bouclier, s'il ne professe ou s'il n'adopte la religion des braves! »

Hélas! Siegmar le Teuton est chrétien, et les adorateurs du Christ renoncent, dit-on, au bonheur et à la vie plutôt qu'à leur Dieu. D'ailleurs, la volonté du Seigneur n'est-elle pas de fer, comme celle de Snorro?

Brunhilde n'espère fléchir ni l'une ni l'autre de ces âmes inébranlables, et pourtant son cœur ne peut se détacher de Siegmar le Teuton.

Le brouillard du soir descend sur les collines aux noirs ombrages; les extrémités du vallon retentissent d'abois et de hennissements.

« Qu'on jette tout un arbre au foyer ardent! Qu'on emplisse aux tonnes les cruches de bière, d'hydromel et de wisky! Car voici nos chasseurs qui rapportent du gibier pour le repas du soir. »

LA FILLE DU JARL.

Le sein de Brunhilde se gonflait sous sa cotte doublée de fourrures ; elle tressaillit, en voyant Siegmar chevaucher à la droite de son père.

« Allons, Brunhilde aux cheveux noirs, levez-vous pour faire honneur au roi de la fête ! Par mon bon navire ! il y a de rudes compagnons au pays teuton, et Siegmar s'est comporté comme l'eût pu faire un vrai Normand. C'est lui qui a défié l'ours, face à face, poitrine contre poitrine, et qui l'a loyalement éventré de son couteau. Hourra pour Siegmar le Teuton ! »

On entra joyeusement dans la salle des festins, et l'âme de Brunhilde était légère et allègre, parce que Snorro le vieux avait vanté le jeune héros.

Une gaicté bruyante épanouit les visages des convives, pendant le long repas. La fraternité de la chasse est la première pour les hommes du Nord, après celle du champ de bataille.

Quand Siegmar eut vidé à mainte reprise, la corne circulant de main en main, et pleine jusqu'au cercle d'or qui couronnait son orifice, la boisson fermentée échauffa sa poitrine et rendit sa langue plus hardie.

Il frappa la table de son poing robuste, pour demander le silence.

« Écoute-moi, Snorro, noble Jarl ! J'ai cinq cents chevaux de bataille dans mes prés de Laüenbourg, cinq cents hommes d'armes, et deux fois autant de gens de trait prêts à marcher, quand se déploie mon pennon de guerre ; j'ai mon vote à l'élection impériale ; j'ai, ce qui vaut plus encore, du sang de Witikind dans mes veines ! Crois-tu que le mélange de ce sang puisse être à déshonneur à celui d'un *roi de la mer?* Snorro le vieux, il faut que tu me donnes ta fille, qui m'a donné son amour ! »

Brunhilde devint aussi pâle que si la vie eût abandonné soudainement son beau corps.

Le Jarl garda soudainement le silence. Ses yeux baissés et son visage immobile ne trahissaient pas sa pensée.

« Le sang de Witikind rougit tes veines ! dit-il, enfin, d'une voix imposante. Il est vrai ; et, à ce titre, je veux bien oublier que ta race n'a pas suivi les voies de Witikind, en acceptant le servage des Romains. Écoute, à ton tour : fais droit à ma requête, et je ferai droit à la tienne. »

Il leva la corne remplie de bière forte.

« Siegmar de Laüenbourg, voici mon toast : louange au fils d'Odin, le Dieu des hommes libres ! Malédiction aux sectateurs du Christ, le Dieu des esclaves ! Fais-moi raison ? »

Siegmar se leva, les dents serrées et l'œil brillant d'un feu sombre.

« Eh bien ! répètes-tu après moi : malédiction sur la croyance des Romains ? »

Les fumées du whisky et celles de la colère montèrent ensemble au cerveau du Teuton.

« Tais-toi, blasphémateur! s'écria-t-il. Christ est le fils unique du Père tout-puissant, et Thor et Odin sont des chiens!

— Et la déesse de la Mort t'a entendu! » rugit le Jarl.

Et il bondit sur lui, le couteau au poing.

Vingt poignards avaient lui autour du Teuton, qui s'était adossé au mur, en brandissant sa large épée.

La fille de Snorro se jeta entre les lames nues.

« Arrêtez! cria-t-elle, d'une voix retentissante. Vous n'arriverez au sein du Teuton, qu'à travers celui d'une vierge du bouclier. Arrêtez! car l'hôte étranger est chose sainte, et malheur à qui prend sa vie pour des paroles échangées entre les coupes du festin! »

Ses longs cheveux noirs flottaient en désordre sur son cou de cygne; ses prunelles resplendissaient, et son front semblait rayonner de clartés divines.

Les guerriers crurent voir une walkyre, et abaissèrent leurs dagues altérées de sang.

« Qu'il parte donc! dit Snorro, en lui lançant un farouche regard; qu'il regagne, sain et sauf, sa terre natale! Mais j'adjure tous les dieux, que, si le soleil le retrouve demain sur nos marches danoises, les corbeaux dîneront avec son corps!

— Ce n'est point ton pardon ni ton sauf-conduit que j'accepte, ô Snorro! mais je m'en vais, parce que je ne veux pas qu'entre son amant et son père il faille à Brunhilde pleurer un mort et haïr un survivant. Adieu donc, puisque tu l'as voulu, Jarl Snorro!... »

II

« Qu'on aille chercher la Brunhilde! dit le chef au visage soucieux; j'ai fait, cette nuit, des rêves de malheur, et je veux qu'elle me chante sur la harpe les récits de l'Edda, pour chasser l'humeur noire de mon âme...

— Jarl! dirent les servantes : Brunhilde n'est plus en cette demeure. Nous l'avons cherchée, elle ne s'est point montrée à nous; nous l'avons appelée, elle n'a pas répondu. »

Le chef monta sur la plate-forme de sa tour, plongea ses regards d'aigle dans la vallée, mais la brume l'enveloppait, comme un manteau, dans ses plis obscurs.

Il appela de sa voix puissante : « Brunhilde! »

Les corbeaux seuls répondirent, en s'envolant, effrayés, du faîte des sapins.

Le vieux guerrier fit entendre un gémissement sourd, et ses cheveux gris se hérissèrent sur son front, comme si Loke, le dieu du mal, l'eût pressé de sa main brûlante.

Quand il fut descendu de la tour, ses fidèles l'entourèrent, l'œil inquiet et l'oreille attentive.

« A cheval! » cria-t-il.

Ce fut là toute l'allocution du père de Brunhilde.

Et ils partirent.

Ils passèrent comme un ouragan sur les landes et les bruyères, volant toujours droit devant eux, comme le garrot d'une arbalète, gravissant au galop les pentes abruptes, franchissant d'un élan les profondes crevasses des roches granitiques.

Ils arrêtèrent enfin, au pied d'une montagne à pic, leurs coursiers couverts d'une écume sanglante, et gravirent rapidement jusqu'au sommet.

De là, leurs regards parcoururent au loin les flots du petit Belt et ses îles dentelées, les côtes sauvages du Jutland aux baies et aux anses profondes.

Une exclamation étouffée mourut dans la gorge de Snorro; son bras, étendu comme pour maudire, leur montrait, presque au-dessous d'eux, une barque amarrée dans une petite crique du rivage.

Deux êtres humains, dont l'un devait être une femme à en juger par ses vêtements flottants, étaient debout, à vingt pas de l'esquif.

Snorro poussa un cri si terrible, que les deux amants l'entendirent, et levèrent la tête vers la cime de la montagne.

La fugitive chancela, tomba sur ses deux genoux, et tendit au chef des mains suppliantes.

Son compagnon l'enleva dans ses bras, la porta au fond de la barque, et rompit les amarres, d'un coup de hache.

La frêle nef bondit sur les vagues noires et houleuses.

Snorro jeta autour de lui un coup d'œil de désespoir; puis, son œil brilla comme une lueur d'orage à travers des nuées sombres.

Il avait aperçu son *almadie* à l'ancre, dans une anse voisine.

« En mer! » s'écria-t-il.

Le vieux pirate Haldan, son compagnon durant trente ans de guerre, secoua la tête, en regardant le grain qui se levait, avec le vent d'est, des côtes du Séeland.

Puis il répéta comme les autres :

« En mer! »

III

Snorro était demeuré, quelque temps, aussi sombre qu'un fantôme sorti de sa colline tumulaire; mais, quand il eut aperçu la barque au loin déployant sa voile blanche comme une mouette son aile, il retrouva toute sa fougueuse énergie.

Il se penchait sur l'avant du navire, comme s'il eût pu lui imprimer ainsi une impulsion plus rapide.

« Hourra! mon bon vaisseau, mon serpent de mer! tu as vingt fois porté ton maître à la victoire; vingt fois tu l'as soustrait, blessé, à la fureur de l'ennemi! Aujourd'hui on l'a blessé encore, mais au cœur! Et ce n'est pas son salut, c'est sa vengeance qu'il te confie! Hourra, mes fidèles! nous avons quarante rames contre quatre, et notre voile prend dix fois autant de vent que la leur! »

Le grain lointain était devenu un rideau noir, tendu sur toute la voûte du ciel! la houle allait grossissant en un rugissement sans fin; la mer bouillonnait par-dessus les pointes des récifs qui dépassaient d'ordinaire sa surface.

A voir le fragile esquif de Siegmar le Teuton glisser tour à tour sur les pentes profondes des vagues et s'élancer jusqu'au faîte de leur volute écumeuse, on eût dit un poisson volant s'efforçant d'éviter par ses bonds aériens la poursuite d'une dorade.

Un éclair immense déchira les lourdes nuées, et les éclats de la foudre se confondirent avec les grondements des flots.

« Entends-tu, fille ingrate? s'écria Snorro. C'est Thor qui te menace par la voix de son tonnerre. »

Son navire, léger et puissant comme un aigle marin, filait droit au but, à travers les montagnes humides qu'il trouait de son éperon. L'almadie dominait la tempête; la faible barque en était dominée, et, sa voile carguée, elle se laissait ballotter aux caprices des ondes. Une nouvelle rafale amena son ennemie sur elle.

« Rendez-vous, traîtres! cria Snorro.

— Pardonnez-nous, mon père! répondit Brunhilde, d'une voix perçante. Accordez-ma main au Teuton?

— Jamais! »

Elle embrassa le guerrier chrétien, et, levant au ciel son front baigné par l'onde marine :

« Non? Mourons donc ensemble, ô mon Siegmar! »

Snorro leva sa hache d'armes, mais il ne la lança point au Teuton, car Brunhilde se tenait suspendue à son cou, et le cœur manqua au Jarl, pour tuer sa fille.

La hache siffla pourtant, et, traversant l'étroit espace qui séparait les deux bâtiments, alla briser la vergue de la barque... En ce moment, un syphon les enveloppa, et les fit tourner tous deux entre les vagues tourbillonnantes. Snorro rouvrit ses paupières aveuglées par les eaux âcres de la mer, et vit l'esquif démâté flottant à trois portées de javelot. L'almadie fit force de rames pour l'atteindre, mais les ondes (était-ce pitié ou colère?) cachèrent la barque à la vue du vieux chef danois.

Un éclair la lui montra presque ensevelie dans un sillon des flots; puis, les talus de ce sentier profond et mobile s'éboulèrent à grand bruit, et couvrirent la malheureuse nef.

Snorro avait senti son cœur se serrer sous une étreinte de fer. Il vit reparaître la barque, qui s'était rapprochée. Deux des rameurs avaient été balayés par la lame furieuse, mais les deux amants étaient encore enlacés aux débris du mât. Et, parmi les hurlements de la tourmente, une plainte aiguë arriva jusqu'à Snorro : « Pitié! pitié! ô mon père! »

Les compagnons du Jarl se reposèrent un moment sur leurs rames, les yeux fixés sur le morne visage de leur chef, car il se passait d'étranges combats dans son âme.

L'ouragan, qui brise en passant l'arbuste, est chose terrible, quand il lutte avec le grand chêne.

Tout à coup, le Jarl relève sa tête affaissée sur sa poitrine, et il embouche le cornet suspendu à sa ceinture.

« Reviens, reviens, Brunhilde! Ma fille, reviens!... Je te pardonne! Je pardonne au Teuton, Brunhilde!... O Brunhilde! »

La jeune fille entendit ces paroles de miséricorde, car elle se pencha au bord de la barque, les bras tendus vers son père. Si le Jarl eût été plus près d'eux, il aurait vu rouler une larme entre les cils de l'indomptable Siegmar.

Puis, le chrétien et la vierge prirent les rames des deux matelots que la mer avait emportés, et la barque tenta des efforts non moins inouïs, pour joindre le vaisseau, que tout à l'heure pour le fuir. Ils s'approchèrent, à diverses reprises, si près, qu'ils faillirent se heurter d'un choc, où le plus fort eût mis le plus faible en débris. Et toujours le flot les écartait violemment, à l'instant où le Jarl allait jeter sur l'esquif le grappin d'abordage.

Un cri s'éleva des bancs de rameurs de l'almadie. Un mouvement des eaux ramenait la barque, vers l'arrière du navire, avec la vélocité d'une flèche.

Une vague monstrueuse le poursuivait, plus rapide encore.

« Virez de bord! s'écria Snorro. Aux avirons, Brunhilde, aux avirons! »

A peine le vaisseau avait-il viré, que la barque arriva, et la vague avec elle, courbée sur elle comme un dais funèbre.

Les voici, les voici à la longueur d'une lance! Ils allongent les mains, pour saisir les rames libératrices... Au même instant, la montagne d'eau qui s'inclinait sur leurs têtes s'écroula tout entière. La barque, ceux qui la montaient, et trois des Danois, qui leur tendaient les avirons, avaient disparu sous la lame.

« Sauve-toi, Siegmar, et laisse-moi périr! »

Mais ce cri n'obtint point de réponse, et les deux amants s'enfoncèrent dans l'abîme. Snorro et ses fidèles s'étaient précipités au milieu des vagues mugissantes... Mais, lorsque, après une longue lutte contre les flots, ils rejoignirent leur navire, ils ne ramenèrent à bord que deux cadavres. C'étaient ceux de Siegmar et de la fille du Jarl.

HENRY MARTIN.

LA CHAISE A PORTEURS

NGERS est, avec Rouen, une des dernières villes de France, qui aient gardé cet aspect moyen âge, plein de charmes pour l'œil d'un artiste ou d'un archéologue.

Ses ruelles tortueuses et mal pavées, avec leurs maisons à pignons, construites en pans de bois, excitent pourtant la curiosité et l'admiration. Ce ne sont que vieilles portes sculptées, à sujets grotesques, pentures apparentes et découpées comme une dentelle, marteaux en fer artistiquement forgé. De place en place, on découvre une façade en pierre, ciselée comme une pièce d'orfévrerie par les tailleurs d'images de la Renaissance, avec gargouilles saillantes; plus loin, une arcade du treizième siècle s'élance comme un pont au-dessus de la rue; on monte six marches, on en descend douze, et l'on arrive sur une petite place entourée de vieilles masures pittoresques, portant des inscriptions latines, et des enseignes en tôle, grinçant au vent, à demi effacées par la pluie, sur lesquelles on devine encore une *barbe d'or* ou un *verre galant*.

Et les remparts majestueux! et la cathédrale!

La première fois que je vis Angers, c'était la nuit; une nuit profonde, éclairée de temps à autre par une lune blafarde qui s'échappait d'un nuage épais. Les toits de toutes ces maisons se déchiquetaient en silhouette noire sur le ciel, plein de tempête; j'allais, de rue en rue, au hasard; tout était si calme, qu'on entendait au loin la Mayenne courir à la rencontre de la Loire. Pas une lumière aux fenêtres. Dans ma tête se formaient mille rêves fantastiques et merveilleux; il me semblait que j'allais rencontrer, à chaque détour de rue, une escouade de lansquenets, haut casqués, dûment bardés de fer et armés de mous-

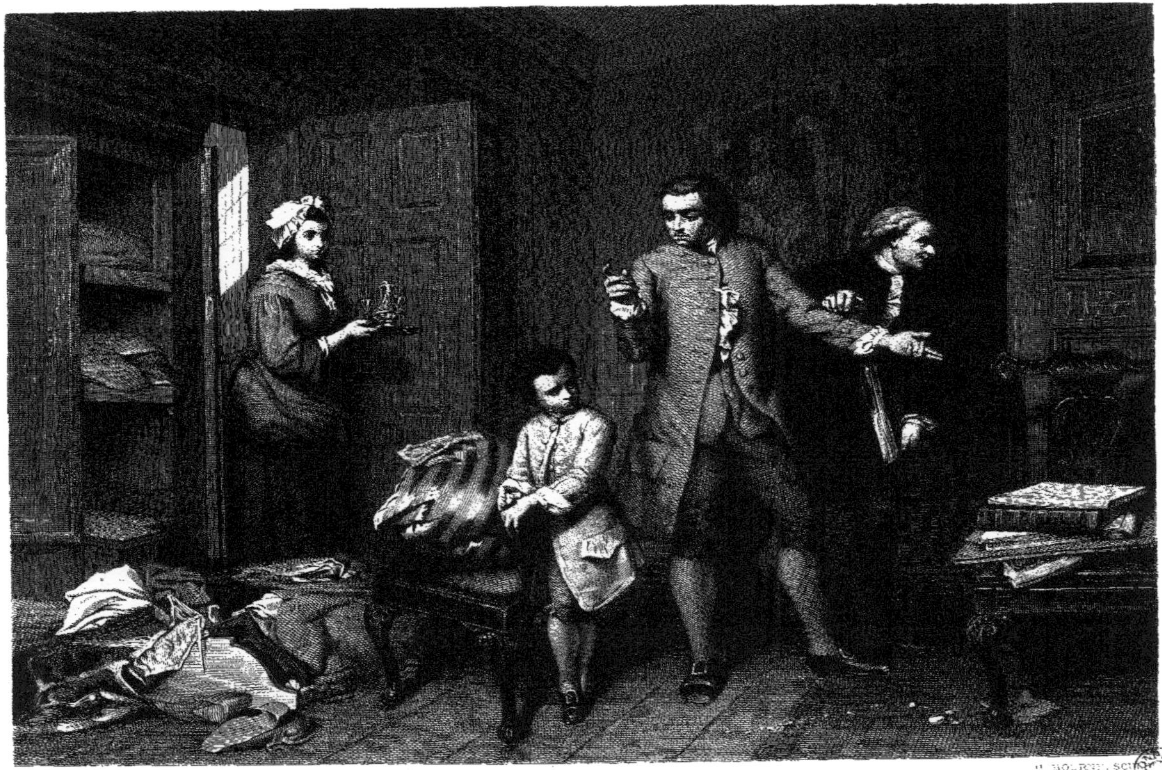

MARCUS STONE PINXT H. BOURNE, SC.

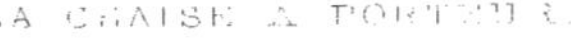

LA CHAISE À PORTEUR.

quets ou de lances; parfois, je m'arrêtais, croyant ouïr un page bleu chanter une sérénade, croyant apercevoir quelque blanche damoiselle qui entr'ouvrait sa fenêtre pour écouter.

Mon extase archéologique ne devait pas finir là; j'arrivai devant la cathédrale, dont le portail était plongé dans l'ombre; je m'approchai, pour distinguer les grandes figures si originales, qui, dans leur roideur archaïque, ont l'air de sentinelles postées là pour la garde de l'édifice; j'allais, de droite à gauche, m'éloignant, me rapprochant, et ne voyant rien que des masses noires et des formes indécises.

Un léger bruit me fit tourner la tête : derrière moi, se tenait un petit vieillard à barbe blanche, enveloppé dans une douillette grise, qui se mit à rire, en me regardant avec un air fatal.

C'était une véritable apparition hoffmanesque.

« Monsieur...! » me dit-il, en ôtant sa vieille calotte en peau de renard.

Je restais devant lui, sans bouger.

« Monsieur est artiste? reprit-il, après un moment de silence; ma question est indiscrète, mais certainement elle me sera pardonnée, quand Monsieur saura mon nom. »

J'étais de plus en plus stupéfait, et m'imaginais rêver.

« Monsieur, répondis-je, me connaîtriez-vous, par hasard?

— Pas le moins du monde, mais Monsieur doit me connaître : je suis celui qu'on nomme le père Mathéus.

— Comme dans Hoffmann! Aurais-je, par hasard, le vertige? pensais-je en moi-même.

— Eh bien, puisque Monsieur me connaît et qu'il est artiste, qu'il vienne chez moi demain matin : il sera content, je l'espère. Je demeure rue du Singe-d'Or, dans la maison du *Plat-d'Étain.* »

Et le petit vieillard s'éloigna, en ricanant.

« A demain, Monsieur! répéta-t-il, » en descendant rapidement la rue de la Cathédrale, qui ressemble bien plutôt à un précipice qu'à une rue.

Quand je rentrai à l'hôtel, j'appelai le garçon; j'étais bouleversé.

« Connaissez-vous le père Mathéus, rue du Singe-d'Or, dans la maison du *Plat-d'Étain?*

— Oh! oui, Monsieur : ce vieux fou, qui erre tous les soirs devant l'église? un horrible petit homme crasseux, qui fait peur aux enfants? C'est un vieux maniaque, un vieil avare, qui enfouit chez lui une foule d'horreurs, en un mot, c'est un collectionneur. »

Tout me fut expliqué, et le lendemain j'allai bravement frapper à la porte du père Mathéus.

Il m'accueillit, les bras ouverts.

« C'est bien, à vous, d'être venu, jeune homme; vous serez satisfait de votre visite. »

J'entrai dans une grande pièce, encombrée d'objets d'art les plus divers : c'étaient de magnifiques toiles de toutes les écoles, des faënza, des glaces de Venise avec des cadres à frontons ornementés, des armures, des casques, des livres entassés; aux murs étaient appendues des tapisseries des Gobelins, d'Aubusson et de Beauvais, et, sur leurs fonds de laine aux vives couleurs, des bahuts en chêne sculpté dessinaient leurs corniches artistement découpées. De grands plats, en cuivre repoussé, brillant comme de l'or, miroitaient, sur des crédences, entre des plats émaillés de Bernard Palissy et des coupes en faïence d'Oyron.

Mes regards volaient de surprises en surprises.

Le père Mathéus ricanait avec joie, en voyant mon éblouissement.

« Hein! que c'est beau! dit-il, en me plaçant entre les mains une aiguière de bronze, ciselée par Benvenuto. Ce n'est pas là toute ma richesse! » ajouta-t-il.

Et il me mena successivement, dans six autres pièces, garnies de la sorte; il ouvrait des tiroirs de meubles, couverts d'incrustations en ivoire, qui étaient remplis de miniatures, de montres peintes sur émail, de camées antiques, de bijoux de la Renaissance, de monnaies romaines et grecques de la plus belle époque.

Nous parlâmes art et archéologie; le petit homme ne me laissait pas un moment de répit; lui citais-je un objet curieux: « J'ai le plus beau spécimen du genre, » me disait-il.

Il allait le chercher, le tournait sur toutes ses faces, en ajoutant toujours sa phrase sacramentelle : « Hein! que c'est beau! »

Mon regard fut attiré par une chaise à porteurs, de l'époque de Louis XV, dont les panneaux extérieurs étaient admirablement peints: sur l'un d'eux, une couronne de roses, tressées avec d'élégants rubans bleus, était soutenue par de petits enfants ailés, dans la manière de Boucher. Au milieu brillait un écusson d'armoiries. Les autres panneaux représentaient les quatre Éléments, et le plafond de la chaise, le triomphe de Cupidon.

Le père Mathéus, voyant mon enthousiasme pour ce charmant meuble, me dit :

« Je vais vous en dire l'histoire... Hein! que c'est beau!

« Les armes que vous voyez là sont les armes de Roselles, accompagnées d'une couronne de roses. — Je tiens l'anecdote de mon père, intendant de la marquise douairière de Roselles, qui possédait le plus ravissant manoir qu'il fût possible de trouver au dix-huitième siècle. C'était un nid, tout rose et tout bleu, peuplé d'une ribambelle de petits Amours joufflus, baguenaudant et se trémoussant dans les frises et dans les trumeaux.

« Situé dans un bocage d'arbres épais, ce petit château ressemblait à une perle précieuse renfermée dans un écrin de velours vert. A l'extérieur, ce n'était que festons de sculptures délicates, et broderies de fleurs grimpantes.

« La marquise, suivant la mode de l'époque, avait fait de chaque salon un boudoir coquet et gracieux, mais elle conservait, pour elle et pour ses domestiques, les modes et coutumes austères du règne de Louis XIV.

« La livrée de ses gens était celle d'il y avait cent ans, et sa chaise à porteurs, un vrai monument, était usée comme le gant de buffle d'un soudard, qui a toujours la main au pommeau de son épée...

« Regardez donc la poignée, ciselée en argent, pour ouvrir la portière? Comme c'est fait!... Hein! que c'est beau!...

« Un jour, l'architecte du château, M. le chevalier de Tavannes, vint, avec un jeune garçonnet de huit ans, fils d'un de ses amis.

« Le petit, curieux comme tous les enfants, courait d'une pièce dans une autre, considérant les tableaux, les étagères. Resté seul un instant, il se mit à la fenêtre, pour regarder dans la cour, en tambourinant sur les vitres : tout à coup, notre petit bonhomme se prit à éclater de rire. Il avait aperçu la vieille douairière dans son antique machine, portée par deux laquais, revêtus d'une livrée ridicule et passée de mode. L'enfant tira de sa poche un bout de crayon, et, avisant un beau panneau gris récemment peint, il dessina en un clin d'œil la scène burlesque, qu'il avait sous les yeux.

« Comme il finissait son chef-d'œuvre et qu'il le contemplait en se pâmant d'aise, la porte de la pièce s'ouvrit, et mon père entra avec l'architecte.

« Eh bien, que faites-vous là, Monsieur? dit à l'enfant, en lui pinçant l'oreille, le chevalier de Tavannes; encore quelque polissonnerie de votre façon! Effacez cela tout de suite...

« — Oh! Monsieur, dit mon père, en examinant le dessin, pardonnez à un artiste: ceci est charmant, et, si vous m'en croyez, cet enfant sera un grand peintre. »

« Rien n'était plus amusant et plus bouffon, en effet, que ce croquis satirique.

« M. de Tavannes pardonna, en riant; l'enfant fut patronné par Madame de Roselles, et, neuf ans plus tard, il faisait les peintures de la chaise à porteurs que voilà, et qui remplaça dès lors celle dont notre jeune peintre s'était si bien moqué jadis. »

— Mais, son nom! son nom! dis-je, en interrompant le père Mathéus.

— Vous ne le voyez donc pas là, à gauche, dans le coin du panneau? me dit-il.

— Ah! oui, Boucher...! C'est François Boucher.

— Eh! non, me dit le père Mathéus avec un soupir, c'est Guillaume Boucher, un dédaigné, un oublié, plein de talent et de génie, et dont on attribue aujourd'hui les œuvres au peintre célèbre dont il est l'homonyme. »

Je pris congé du collectionneur Mathéus, qui voulait me montrer encore une foule de curiosités. Mais son histoire m'avait complétement absorbé.

« Guillaume Boucher! me disais-je; comment un homme d'un tel talent est-il ignoré aujourd'hui, sacrifié! — *Sic transit gloria mundi.* »

Il y a deux ans, les journaux annonçaient qu'il venait de mourir à Angers un collectionneur, du nom de Mathéus-Évariste Spackmann : un Anglais avait acheté, à sa vente, une chaise à porteurs, ornée de superbes peintures de *François Boucher.*

MAURICE DU SEIGNEUR.

LE CHALET

Le chalet Rivas est situé au bord du lac Léman, commune de Veytaux, charmant petit village abrité du nord par un escalier de collines qui s'élèvent successivement jusqu'à des montagnes de cinq à six mille pieds. Il est disposé en éventail vers le sud, et regarde les montagnes de la Savoie et du Valais. Ce chalet, isolé, en avant du village, et entouré de pampres et de rosiers touffus, avait séduit madame Berthe, lorsqu'au dernier printemps elle était venue chercher une retraite, à cette extrémité orientale du canton de Vaud, qu'on appelle l'Italie de la Suisse.

L'honnête famille de vignerons vaudois lui ayant inspiré toute confiance, elle s'était installée au premier étage, composé de deux pièces, avec un balcon, sur le lac. Le petit appartement, tout boisé en planches de sapin parfumé, était garni de meubles simples et frais. Elle y avait ajouté des objets d'art et de grands vases toujours remplis de fleurs.

Ce jour-là, madame Berthe était en retard, et toute la famille s'inquiétait, car d'ordinaire elle était fort exacte; mais bientôt on la vit traverser les prés, et elle entra, donnant la main à la petite Fanny, qui avait couru au-devant d'elle sur le chemin. Elle ôta son chapeau de paille à larges bords, ses gants de Suède, et s'assit à la grande table pour prendre le café au milieu de la famille Rivas, dont elle était adorée.

Madame Berthe était une personne très-distinguée, d'une tournure élégante, d'une physionomie gracieuse et un peu mélancolique. Ce qu'elle avait surtout d'extraordinaire, c'était l'expression intelligente et sérieuse d'une femme, avec le sourire candide d'un enfant. Elle paraissait avoir vingt-cinq ans, vingt-huit tout au plus.

Sa vie était très-singulière, comparée à la vie commune.

Madame Berthe ne voyait personne dans le pays et n'y avait aucune attache, aucun

R. ANSDELL, A.R.A. PINXT

C. COUSEN SC

LE CHALET

intérêt. Elle ne parlait à personne, excepté aux habitants de sa maison. Elle restait souvent, des journées entières, assise sur le balcon du chalet, à demi cachée derrière le rideau de verdure qui grimpait jusqu'au toit, ou bien elle allait, avec un des enfants, récolter des gentianes sur les hauteurs; parfois, elle se hasardait seule, le soir, au bord du lac, quand une tempête imprévue agitait les vagues, ou quand la lune éclairait les pics des Alpes.

Quoique familiarisés avec les voyageurs étrangers et étranges, les voisins de Montreux et de Veytaux furent longtemps à s'habituer aux excentricités de la jolie sauvage; mais la famille Rivas, très-estimée dans le canton, garantissait l'irréprochable vertu de la « Française, » dont elle vantait les aimables qualités, en racontant que ce devait être une grande dame; qu'elle en avait toutes les recherches, bien qu'elle ne fût pas fière du tout; qu'elle était aussi instruite que le « ministre » et le « régent; » qu'elle lisait beaucoup; qu'on ne s'ennuyait jamais à se promener avec elle, le long des prairies ou de la montagne; qu'elle faisait beaucoup de bien!... Quelques malveillants, néanmoins, s'égaraient en suppositions plus ou moins romanesques; on alla même jusqu'à murmurer le mot « aventurière. » Mais cependant, toutes les aventures de madame Berthe se bornant à des promenades en compagnie des filles de son hôtesse, ou à des rêveries solitaires sur les rochers ou dans les prés, on décida qu'elle était un peu excentrique seulement.

A l'inquisition maligne avaient succédé la sympathie et une sorte d'admiration. On aimait à voir passer madame Berthe avec sa robe de taffetas gris argenté et son grand chapeau vaudois; on la saluait respectueusement; on la regardait longtemps marcher dans les sentiers bordés de fleurs, légère comme une bergeronnette. Et, quand on interrogeait le village et la famille Rivas sur la mystérieuse étrangère, on répondait invariablement : « C'est la Française, c'est madame Berthe! »

Personne n'en savait davantage et n'en pouvait dire plus long.

Pourquoi donc madame Berthe vivait-elle, en apparence, dans un détachement absolu des intérêts ordinaires de la vie? Pourquoi tout lui semblait-il frivole et vide?

Sur la cheminée de sa chambre à coucher, près de la glace, il y avait un médaillon en miniature, accroché là dès le premier jour, portrait d'un élégant jeune homme, aux yeux bleus, avec une fine moustache et des cheveux blonds. Madame Berthe regardait souvent ce portrait avec tendresse; elle l'encadrait des fleurs les plus parfumées, et, tout en face, elle avait rapproché son fauteuil de prédilection, et là, pendant des heures, elle s'affaissait dans une sorte de somnambulisme devant le médaillon bien-aimé.

Assurément, madame Berthe aimait; voilà pourquoi elle s'était retirée du monde et confinée toute seule dans un ermitage suisse, ayant renoncé aux affections secondaires, au luxe, à la fortune, à son nom, à sa famille, à sa patrie.

L'amour, c'était là son secret!

MADAME A. LACROIX.

LE MASQUE DE PLATRE

ÉBASTIEN Zamet, que Henri IV appelle *Bastien* dans ses lettres familières, était un de ces Italiens intrigants, qui vinrent chercher fortune en France à la cour des Valois, et qui mirent au pillage les coffres de l'État. Zamet commença modestement par être cordonnier du roi, puis il devint guitariste du roi, jusqu'à ce qu'il ne fût plus que complaisant du roi. Henri IV hérita de ce bon serviteur, que lui léguait Henri III, avec la couronne et la guerre civile.

Zamet avait gagné d'immenses richesses dans la maltôte des sels, et aussi dans la maltôte des menus-plaisirs royaux ; il achetait au rabais les consciences pour le service de son maître ; il vendait à beaux deniers comptants ses conseils en affaire de politique et de galanterie; il avait eu la direction intime des amours de Henri IV et de Gabrielle d'Estrées.

Après la mort de cette belle favorite, qu'il voulait faire reine et qu'il se chargea peut-être d'empoisonner, il s'occupa d'acquérir des terres, des titres et des honneurs, pour s'égaler aux premiers personnages de la noblesse de France ; il s'était contenté longtemps de l'orgueilleuse qualification de *seigneur de dix-sept cent mille écus*.

Cet homme vénal et pervers, qui trafiquait de l'honneur et de la vertu du prochain, aimait passionnément la femme qu'il avait épousée secrètement, Magdeleine Leclerc du Tremblay, qui ne l'aimait pas et le méprisait. Cet homme, qui se jouait de la fidélité conjugale chez les autres, était jaloux pour son propre compte, et n'était pas jaloux sans motif. Il avait caché et enfermé sa femme, dans une jolie maison isolée du faubourg Saint-Honoré, derrière la garenne et le bastion du jardin des Tuileries. Là, Magdeleine vivait seule, fort tristement, au milieu d'un luxe raffiné, sous la garde d'une duègne italienne,

W. GREATBACH SC.

LE MASQUE DE [illegible]

qu'elle avait fini par apprivoiser à grands frais, et qui l'aidait à se donner quelques distractions dans sa solitude; car Magdeleine, curieuse d'art, de poésie et de musique, recevait en cachette des musiciens, des poëtes et des artistes, pendant les longues absences de Zamet, que son devoir de courtisan retenait sans cesse, loin d'elle, auprès du roi.

Le soir du 29 décembre de l'année 1600, sur le tard, dans une vaste chambre tendue de tapisserie de cuir doré, où se reflétaient çà et là les tremblantes lueurs de deux grosses bougies de cire jaune, fichées sur de lourds chandeliers d'argent, Magdeleine, assise devant un petit miroir de Venise, enrichi d'incrustations de nacre et d'argent, achevait une toilette, qui avait duré plusieurs heures, malgré les habiles secours de sa duègne, dame Martha. Magdeleine était une blonde langoureuse, aux yeux morts et aux lèvres pâles, mais cependant remarquable par la finesse de ses traits, la splendeur de ses cheveux, l'éclat de ses dents, la beauté suprême de ses mains, et la gracieuse désinvolture de sa taille.

Elle avait prodigué les essences, les pommades et les parfums, que la mode du temps empruntait à l'Italie, ainsi que les poisons; sa chevelure frisée étincelait de diamants; les perles ruisselaient sur sa poitrine découverte, et sur le corsage serré de sa robe de velours violet, qui ballonnait autour des hanches, au moyen de cerceaux en fil de laiton : la fraise de point découpé s'élevait d'un demi-pied en éventail à la naissance du cou, et les manches bouffantes, de satin orangé, se terminaient par des parements dentelés, de même étoffe que la robe. Sa gorge et sa figure étaient enduites de pâte d'amande et de poudre de frangipane.

« Sainte Madone! dit Martha, en lui présentant un chapelet en bois de citronnier à pendre au côté, avec un petit poignard dans sa gaîne de velours garni en or : vous êtes belle à réjouir les anges qui sont au paradis, et même les démons qui sont en cet enfer terrestre!

— Ce n'est pas trop pour plaire à ce bon gentilhomme qui m'a pris mon cœur par mes yeux, répondit mollement Magdeleine en essayant le jeu de ses œillades dans la glace; bon gré ma vie! je l'aime vraiment pour toujours.

— Oui, jusqu'au fin premier qui vous ira prier d'amour, car l'inconstance règne en votre cœur souverainement, et volontiers avez-vous dévotion à tous les saints. Plaise à la benoîte Vierge, que monseigneur Zamet ne découvre jamais!...

— Nenni-da. Bastien n'est-il pas surintendant de la maison de la nouvelle reine, madame Marie de Médicis, que le roi est allé attendre à Lyon? Son office et les fêtes du mariage ne permettent pas qu'il revienne à Paris avant Leurs Majestés, d'autant que la reine ne fut mariée que le dix-huitième jour de ce mois, ainsi qu'il me l'a mandé dans sa lettre, entre mille Dieu-gard et mignoteries, dont je l'excuse.

— Je dirai mes patenôtres à cette intention, Madame; mais j'augure méchante issue de ce jourd'hui, qui est un vendredi.

— C'est plutôt vendredi d'heur et de joie; car, en l'honneur des épousailles royales, un beau *Te Deum* fut chanté à Notre-Dame, comme pour célébrer la bonne rencontre que j'ai faite.

— Certes, j'ai regret de ne vous avoir pas accompagnée à cette fête du *Te Deum*, qui fut moult honorable, si j'en dois juger par le grand bruit des canons et artifices en la place de Grève. Or, déclarez-moi de quelle sorte advint cette rencontre?

— A-t-on pas frappé à la porte?..... Il tarde bien, ce me semble..... Voici l'aventure : J'admirai, en chemin, la procession magnifique de M. le prévôt des marchands, savoir : les archers, haquebutiers et arbalétriers, avec leurs hoquetons et hallebardes, les sergents de ville vêtus de leurs robes mi-parties, le greffier, le prévôt, les échevins, le receveur et les conseillers de la ville, tous habillés de velours et à cheval. La presse fut telle vers la Grève, où étaient les feux de joie et l'artillerie, que je ne pus avancer au delà. Alors la pyramide de fusées s'allumant tout d'un coup, je faillis être brûlée, si un jeune garçon, qui là se trouvait d'aventure, ne m'eût emportée dans ses bras, sans m'avertir de son honnête dessein. Qui fut bien étonné? Ce fut moi qui ne savais quel bon ange gardien me sauvait de la male heure et de la bagarre.

— Oui-da, reprit la duègne, a-t-il fallu trois heures et davantage, pour revenir de la Grève au faubourg Saint-Honoré?

— Quand je fus en sûreté hors de la presse, mon sauveur, rougissant de candeur naïve, confessa la grande témérité qu'il avait eue de me prendre ainsi à bras-le-corps et de m'enlever de la foule, ce dont je le remerciai, en rougissant plus que lui. J'eus le loisir de voir qu'il était jeune d'âge, noble d'air, beau de visage, et tout plein de gentillesse. Il me regardait doucement et m'invitait de le regarder de même.

— Étiez-vous donc alors en pleine rue et sous les yeux des passants?

— Point. Comme on tirait des coups d'escopettes par toutes les fenêtres, en signe de réjouissance, j'avais si belle peur, que je ne savais plus de quelle part il me menait, en me parlant du bonheur que ce serait d'être aimé de moi; il disait que pour pareille fortune il ferait bon marché de sa vie.

— Enda! l'entretien a-t-il duré de la sorte jusqu'à la fin des feux de joie?

— Nous nous entretenions, en allant, sans plus nous soucier des mousquetades, que si l'on n'eût pas entendu une mouche voler. Les cris de *Vive le roi! Vive la reine!* n'avaient pas la puissance de nous distraire de ce plaisant entretien, et les canons faisaient rage, que nous ne songions pas à nous boucher les oreilles.

— Mais, çà, d'où vient que vos doigts étaient noirs de poudre et que votre robe est roussie et brûlée en plus d'un endroit?

— Oh! ce fut un joyeux passe-temps! s'écria Magdeleine. Mon ami me sollicita d'entrer dans une maison, où il me dit que je trouverais ses frères et sa mère. Cette maison faisait grand bruit d'arquebusades : il y avait, dans une salle haute, trois ou quatre compagnons qui buvaient, chantaient, sonnaient de plusieurs instruments, et arquebusaient à la fenêtre, le tout pour festoyer le mariage du roi.

— Merci de moi! vous êtes restée si longtemps en pareille compagnie ?

— C'étaient, j'imagine, des compagnons peintres et tailleurs d'images. D'ailleurs, ne se trouvait-il pas là quelqu'un pour me garder? Je ne demeurai pas oisive cependant, car je pris plaisir à charger le mousquet, avec lequel mon ami tirait dans la rue et dont je tirais moi-même la poudre aux moineaux; puis, je chantai et portai la santé du roi et de la reine... Enfin, il fallut bien nous séparer, et nous n'oubliâmes rien, fors de nous dire nos noms.

— Comment, Madame! C'est imprudente légèreté de votre part, et j'adjure le Seigneur Dieu, qu'il vous protége contre tout fâcheux encombre; car ce muguet dont vous êtes éprise n'est pas connu de vous, et sans doute ne mérite pas de l'être.

— Bien au contraire, je proteste. Il n'importe ici de son nom, de sa famille et de son blason; car, entre toutes noblesses, la plus ancienne est celle d'amour; or, je le garantis, à ce compte, bon gentilhomme.

— Que ma sainte patronne vous vienne en aide!

— On frappe... Oh! c'est lui! je vais le revoir!

— Ma chère dame, si vous m'en croyez, ne perdez pas pour ces bagatelles le fruit de votre vie d'épreuve et de patience: déjà vos fils sont en âge d'être pages; messire Zamet ne peut tarder de les produire à la cour; or, vous n'attendrez guère, avant qu'il déclare votre mariage et vous laisse disposer de ses grands biens; en ce cas, Madame, remémorez-vous les discrets services de votre fidèle Martha. »

La duègne, en répétant ce refrain d'habitude, baissa son voile, rajusta son costume de laine noire et descendit ouvrir, avec une lenteur solennelle. Magdeleine, qui s'était levée, en jetant un coup d'œil victorieux dans la glace, courut au seuil du cabinet, la respiration suspendue, les seins battants, le sourire aux lèvres et l'espoir au cœur. Elle frémit soudain... Martha avait poussé une exclamation de surprise, en invoquant les saints et saintes du paradis. Une voix rude éclatait en furieuses invectives; un pas lourd ébranlait le vestibule; ensuite, le reflet du flambeau monta le long des murs jusqu'au plafond, et le fourreau d'une épée heurtait la rampe de l'escalier, tandis que deux personnes, parlant bas, approchaient à pas lents.

Sébastien Zamet entra seul. Il était de petite taille, grêle, avec les jambes torses et le ventre proéminent; sa physionomie ignoble et grotesque était animée d'une expression de colère qui flamboyait dans ses yeux gris, contractait sa bouche et enflammait ses joues. La recherche de son habillement de drap de soie ne faisait que mieux ressortir la trivialité de son individu, malgré la plume rouge de son feutre, ses bas amarantes, ses souliers vernis à rosettes, ses grandes chausses boursouflées, son pourpoint étroit à boutons de pierres précieuses, ses manchettes de dentelle et sa haute collerette empesée. Il portait la barbe en pointe et les moustaches rases; sa croix de chevalier de l'ordre de Saint-Michel avait été gagnée dans l'antichambre du roi, et son épée longue à garde d'acier ne s'était jamais teinte que de rouille.

« Vous ne m'attendiez point, signora? dit-il, en s'emparant de la main de Magdeleine, qu'il envisagea d'un œil perçant. Est-ce donc pour me recevoir, que vous avez vêtu vos plus beaux habits? Ne pensiez-vous pas à me faire fête?

— Je n'avais garde de compter sur votre retour, Monseigneur, reprit Magdeleine cherchant à déguiser son trouble. Mais n'êtes-vous pas toujours le bienvenu? Çà, baillez-moi des nouvelles de la jeune et belle reine qui nous vient de Florence? La cérémonie fut-elle splendide et triomphale? Avez-vous soupé au banquet royal? Le carcan que donna le roi à l'épousée ne fut-il pas estimé à cent cinquante mille écus?...

— Holà, signora, changeons de propos, et dites-moi, devant Dieu, quel cavalier vous attendez céans tout à l'heure?

— Vous seul, Monseigneur, ce me semble; ou plutôt, sans vous attendre, je vous espérais. Vous plaît-il souper avec moi?

— Oui-da, j'ai humé l'odeur des mets, et la nappe est mise pour recevoir quelqu'un que j'ignore, mais que je connaîtrai...

— Comment, Monseigneur! sentez-vous encore l'aiguillon de la jalousie? C'est bien à tort, je vous jure; car je mène vie d'ermite en ce logis solitaire, et sous la règle austère de dame Martha. Je ne sors qu'aux dimanches et fêtes, pour ouïr la messe, et ne vais en public que voilée. Ainsi, quelle mouche vous pique, mon excellent seigneur? Avez-vous souci des hirondelles qui volètent à ma fenêtre, des bateliers qui passent la rivière, et des villageois qui vont vendre leurs bêtes au Marché-aux-Pourceaux?

— Baste! signora, trop et trop longtemps vous m'avez moqué et abusé. Il m'a fallu croire que les vessies fussent lanternes, et que je n'eusse de rival que mon ombre; mais que le bon Dieu vous octroie miséricorde! L'heure du jugement a sonné!

— Qu'est-ce à dire, Monseigneur? Pourquoi cette grosse colère? Tenez, apaisez-vous, et venez vous rafraîchir.

— Je dis, signora, que ce soir vous attendez quelqu'un, et que je veux en avoir vengeance, fût-ce la plus noble tête de France.

— Qui? moi, seigneur? J'ai vergogne de répondre à si vaines accusations! Ayez foi en mes serments, mon cher père. Çà, ne m'aimez-vous plus?

— Je vous ai aimée plus que je ne vous aimerai dorénavant, fausse et infidèle. Sur mon âme! je devrais vous arracher cette langue menteuse et crever ces yeux, artisans de perfidie!... Avouez votre déloyauté, signora, et demandez merci!

— Certes, je ne vous pardonnerai onc ces brutales façons, Monsieur, à moins que vous ne confessiez et ne pleuriez votre faute, à genoux.

— Magdeleine, c'est folie de nier, puisque mes espions m'ont averti de votre folle promenade avec un jeune garçon par la ville; Martha elle-même me l'a dit. Ce soir, vous deviez souper avec ce muguet de vingt ans !...

— Martha s'est raillée de vous, et vos espions ont la visière éblouie par vos écus d'or.

— Voirement !... Oh! Magdeleine adorée, je donnerais vingt mille ducats, pour recevoir un beau démenti !... Mais, non, vous faites état de ma bonté débonnaire et tendez une embûche à mon fol amour. Il n'en sera pas comme vous présumez, par la barbe du pape! Je m'en vais demeurer en sentinelle, à cette porte, l'épée à la main, et votre innocence apparaîtra pleinement, si demain on ne trouve pas ici un corps mort, percé de mille coups.

— Agissez selon votre fantaisie, Monseigneur, reprit Magdeleine en affectant une indifférence qui faillit convaincre Zamet. Il vous plaît de passer toute une nuit d'hiver à tenir votre dague au poing, au lieu de dormir dans votre grand lit d'honneur? Bastien, je vous prie de faire bonne guette, de crainte des larrons.

— Magdeleine, s'écria Zamet plus qu'à demi persuadé, aie pitié de qui t'aime tant! Ma gente Magdeleine, ne te joue pas de mes amours en cheveux gris, car jamais femme ne fut mieux aimée que toi; et si j'avais ferme assurance que tu me gardes ta foi, j'irais de ce pas annoncer au roi et à la reine mon légitime mariage.

— C'est récompense promise pour les deux beaux fils que je vous ai donnés. »

Un coup, frappé à la porte de la rue, changea subitement la disposition d'esprit, dans laquelle Zamet s'était laissé mettre par degrés; il repoussa Magdeleine, qu'il avait attirée vers lui, son bras entourant la taille flexible de l'enchanteresse, qui employait, pour le séduire, la magie du regard et du sourire; il porta la main à la garde de son épée et, d'un geste menaçant, commanda le silence à la coupable, qui pâlissait d'effroi. Martha avait ouvert la porte de la rue, et sa voix rauque alternait avec une voix juvénile. Ce visiteur inconnu fut introduit, et pendant qu'il montait l'escalier derrière la duègne, Magdeleine s'essayait en vain à prendre contenance en mordant ses lèvres et son mouchoir.

« Je vous ordonne de ne témoigner d'aucune sorte votre présence, dit Zamet à demi-voix avec une fureur concentrée, sinon je vous tue tous les deux !... Son nom? Il m'importe de savoir son nom, avant que je l'égorge! Dites comment il s'appelle?

— Ah! Monseigneur, ne le tuez pas! il est innocent! Dieu m'est témoin que je ne sais son nom ni son état! Ce pauvre jeune gentilhomme m'accusera de ce guet-apens !... Grâce! Bastien, ne tuez pas celui qui m'a sauvé la vie! »

Mais Zamet s'était élancé à la rencontre de l'arrivant, après avoir poussé dans le cabinet voisin Magdeleine, qui, tout en larmes, s'efforçait d'arracher la porte de ses gonds. Martha, qui éclairait un jeune homme de noble figure, enveloppé d'un manteau brun et coiffé d'un chapeau à bords rabattus, se retira brusquement, dès qu'il fut entré dans une chambre sans lumière et sans issue, où Zamet lui barra le passage, en dégainant.

« Arrière, Messire! murmurait Magdeleine, d'un accent étouffé; sortez d'ici! on va vous mettre à mort !... Grâce! Monseigneur; merci! »

Le jeune homme s'arrêta, pour écouter cette voix lamentable, et la brusque retraite de la vieille, qui le laissait dans l'obscurité, lui inspira des soupçons, confirmés par l'apparition imprévue d'un homme, que trahissait un rayon de lune glissant à travers la verrière. Il n'avait pas d'armes, et il vit briller une épée contre sa poitrine.

« Recommandez votre âme à Dieu, qui que vous soyez! s'écria Zamet, car votre dernier jour sera celui-ci. Allons, affronteur outrecuidé, confessez votre outrage envers un haut et puissant seigneur, et Dieu vous exempte de l'enfer! »

Le jeune homme ne répondit rien à cette interpellation menaçante; mais, au risque de s'enferrer lui-même, il se précipita sur l'adversaire inconnu qu'il avait à combattre, pour lui enlever son épée, dont la lame se rompit en plusieurs tronçons dans leurs mains. Alors, commença une lutte corps à corps, qui ne fut pas longtemps indécise, malgré la poignée d'acier dont Zamet meurtrissait le visage de ce robuste champion; celui-ci, plus jeune et plus grand, avait l'avantage de la souplesse et de la vigueur.

Le sentiment de la conservation l'emporta sur le désespoir de la vengeance; ils tombèrent entrelacés, se roulant l'un sur l'autre, avec un mélange de jurons et d'apostrophes horribles, avec des intervalles de silence plus affreux encore; on entendait deux respirations haletantes, les pieds heurtant les meubles, les crânes sonnant sur le carreau.

Enfin, la victoire se décida en faveur du plus jeune, et Zamet, terrassé, resta immobile à la merci du vainqueur; mais il ne s'avoua point vaincu, et, au moment où son rival se penchait sur lui pour le reconnaître, il parvint à saisir par les cheveux la tête qui s'approchait de la sienne, et il coupa avec ses dents l'oreille qui se trouvait à portée de sa bouche. La douleur fit lâcher prise à l'essorillé, et le combat recommença plus terrible, pour cesser tout à fait par l'entière défaite de Zamet, qui râla demi-mort sous le genou de sa victime irritée : on lui accorda la vie, peut-être faute de moyen de pouvoir la lui ôter. Le vainqueur, s'imaginant entendre des voix d'hommes, et craignant d'être accablé par le nombre, souffleta largement la face de son ennemi à terre et s'enfuit par la fenêtre.

Zamet, las, essoufflé et endolori, n'essaya pas de le poursuivre : il ramassait dans les ténèbres une oreille ensanglantée.

« Signora, dit-il d'un air sombre en offrant cette oreille à Magdeleine qui frissonnait et sanglotait d'horreur, je viens d'essoriller un larron d'honneur, comme eût fait le bourreau. Quant à vous, ingrate et vilaine, je ne vous pardonnerai qu'à cette seule condition, c'est que désormais vous ayez une oreille pour emblème et blason. »

Deux mois plus tard, en février 1601, le roi, de retour à Paris avec la reine Marie de Médicis, ordonna, pour la divertir, un jeu de l'*homme armé*, espèce de carrousel où les jouteurs combattaient un mannequin habillé en More et placé sur un pivot; de sorte que les coups, portés ailleurs que dans le tronc et le visage de ce more, faisaient tourner la machine, qui rendait alors aux maladroits un rude coup de lance ou d'estramaçon. Cet exercice chevaleresque, originaire d'Orient, eut lieu dans le Louvre, et la cour de Henri IV rappela la magnificence de celle de François Ier, par la richesse des armures, la beauté des chevaux, la variété des livrées et l'éblouissante parure des dames. Magdeleine Leclerc du Tremblay, pâle, souffrante et chagrine, placée au premier rang de l'échafaud royal, attira tous les yeux, avec sa robe de satin noir, parsemée d'oreilles d'argent, et ornée de cette devise bizarre : *A bon entendeur, salut!*

Le lundi 14 juillet de l'année 1614, messire Sébastien Zamet fut averti que le sculpteur-imagier Dinet, qu'il avait mandé, venait d'être introduit dans la galerie de l'hôtel.

Zamet avait beaucoup vieilli en quatorze ans; ses cheveux étaient blancs, ses traits ridés, ses yeux éteints, son dos courbé et sa voix cassée. Il avait encore augmenté ses biens énormes; il était devenu baron de Murat et de Billy, seigneur de Beauvais et de Cazabelle, conseiller du roi en ses conseils. Il avait avoué et publié son mariage avec Magdeleine Leclerc du Tremblay. Mais, depuis l'assassinat d'Henri IV par Ravaillac, il vivait retiré dans le superbe hôtel qu'il s'était fait bâtir rue de la Cerisaie.

A cette époque, un sculpteur, nommé Dinet, revenant d'Italie, où il avait étudié la statuaire sous le célèbre Giovanni di Bologna, fut bientôt en faveur auprès de la reine-régente, à cause de sa merveilleuse habileté à mouler, sur nature, des masques en plâtre. Marie de Médicis donna l'exemple aux dames et aux seigneurs de sa cour, en livrant son auguste visage aux manipulations artistiques de maître Dinet, et le faiseur de masques en plâtre, comblé de présents par la riche noblesse, eut peine à suffire aux nombreux travaux qui menèrent de front sa fortune et sa réputation. C'est alors que Sébastien Zamet eut la fatale idée d'essayer le talent de ce grand artiste. Zamet n'avait pas un goût intelligent pour les arts; mais, comme la plupart des financiers qui sont embarrassés de dépenser leur argent, il prenait à sa solde des architectes, des peintres et des sculpteurs, choisis de préférence parmi ses anciens compatriotes.

Lorsqu'il entra dans la galerie où l'attendait le sculpteur, celui-ci tressaillit et resta roide à sa place, les joues pourpres et les lèvres blêmes, les prunelles fixes et les sourcils froncés. C'était un homme de trente-quatre ans, grand, maigre, au teint bilieux et aux yeux caves. Il portait le costume italien, dégagé des enjolivements de la mode française, et se servait habituellement de la langue de ce pays, où il disait être né, et dont il affectait le caractère national; mais il y avait dans son air quelque chose d'étrange et de mystérieux, qui résultait surtout de la longueur de ses cheveux noirs flottant sur ses épaules, et de sa calotte de velours écarlate, qu'il ne quittait jamais, même en présence de la reine; cette particularité avait fait répandre le bruit qu'il était affligé d'une teigne incurable.

« Eh! mon maître, lui dit Zamet surpris qu'on s'approchât de lui sans le saluer et la tête couverte, c'est moi qui vous ai mandé pour éprouver votre prodigieuse dextérité.

— Signore, repartit fièrement l'artiste d'un ton lugubre, quelle affaire?

— Je vous ordonne de tirer mon image au naturel, comme l'a désiré une belle dame; la récompense de cet ouvrage sera digne du plus riche seigneur de France.

— Signore, demanda gravement Dinet, faut-il faire votre masque sans oreilles?

— Je suis mal appris à ces menus détails de votre art, répliqua Zamet en se plaçant dans un fauteuil sculpté et armorié qui dominait les autres siéges; mais je me fie à vos bons avis et vous permets de faire tout à votre guise.

— Oh! bien, Signore. Il m'importe que vous ayez les mains et le corps attachés fortement, de peur que le moindre mouvement fasse manquer l'opération, voire même cause quelque piteux accident; car le plâtre liquide filtrant dedans vos paupières pourrait vous aveugler, ou seulement gâter votre vue, qui me semble encore nette.

— Oui, certes, je n'ai que faire de bésicles, Dieu soit loué! Or donc, je me remets entre vos mains, afin que vous agissiez comme il convient.»

Le sculpteur profita sur-le-champ de cette permission si libéralement accordée, et le lia de fortes cordes au fauteuil massif, comme à un pilori : bien plus, il dénoua sa propre jarretière, pour lui en faire un carcan qui l'étranglait presque; alors, sans avoir égard à ses cris et à ses gesticulations, il le considéra un instant avec une joie féroce, puis il découvrit sa calotte, écarta ses cheveux et montra en silence la cicatrice de son oreille coupée... Zamet se souvint et comprit qu'il était perdu; mais nul n'accourut à son secours, et le sculpteur impitoyable épaississait toujours de plus en plus la couche de plâtre qui couvrait les traits du malheureux, grimaçant, se tordant, expirant en convulsions, aveuglé, étouffé par cette pâte qui se durcissait à l'air. Bientôt Zamet se roidit, la tête serrée, emprisonnée dans un moule de plâtre, et bientôt il avait cessé de vivre.

Magdeleine priait, dans son oratoire, pour l'aîné de ses fils, qui combattait les Turcs avec autant de zèle qu'un héros de la croisade. Soudain la portière se relève, et Dinet, un rire infernal à la bouche, apparaît comme un démon, désignant d'une main la mutilation de son oreille, et tenant de l'autre main un masque de plâtre, défiguré par les contractions et les tortures d'une mort horrible. Magdeleine reconnaît à la fois ce masque de plâtre et l'homme qui l'apporte : elle embrasse son crucifix, et fond en larmes.

« Signora, lui dit le sculpteur avec ironie, recordez-vous ce qui advint le soir du vingt-neuvième jour de décembre 1600? Voici que j'ai vengé mon oreille!... Madame, votre époux est décédé de mort subite, et je vous baille de quoi décorer son tombeau! »

Ce tombeau ne fut élevé que vingt ans plus tard, par les soins du fils aîné du défunt, Son Éminence Sébastien Zamet, évêque et duc de Langres, qui fit orner magnifiquement la sépulture de sa famille, dans l'église de Saint-Paul, à Paris.

Lorsque Magdeleine vint à mourir, on trouva, au fond de son oratoire, une oreille desséchée et le masque de plâtre grimaçant de Bastien, réunis dans un reliquaire d'or, portant cette inscription : *A bon entendeur, salut!*

P.-L. JACOB, bibliophile.

W. MULREADY R.A. PINX. DE MARE, SCULP.

L'ENFANT TROUVÉ.

Vve JULES RENOUARD, PARIS

L'ENFANT TROUVÉ

NISSIM Séménoff, paysan russe du village de Philatova-Gora, appartenant au département des Apanages, fut averti que sa famille aurait à fournir une recrue pour la conscription ; Séménoff présenta aux commissaires du recrutement ses deux fils et un enfant adoptif qu'il avait élevé avec eux. Basile, l'aîné des fils, et l'enfant adoptif, nommé Macare, furent jugés propres au service.

« Je servirai volontiers, en remplacement de Basile, dit Macare; son père a été plus qu'un père pour moi : il ne m'a pas laissé mourir de faim et de froid, lorsqu'il m'a trouvé, âgé de trois semaines, gisant sous sa fenêtre et abandonné par mes parents; il m'a recueilli, il a soigné mon enfance, il m'a traité comme son propre fils ; c'est lui qui m'a conservé la vie, c'est à moi de lui conserver ses deux enfants. »

Le directeur du comptoir des Apanages du gouvernement de Pskoff autorisa donc Macare à partir comme recrue, mais le vieux Séménoff s'y opposa.

« Je ne donne point Macare, dit-il avec chaleur; c'est au tour de ma famille de fournir un soldat : qu'on prenne celui de mes deux fils qui conviendra le mieux au service !

— Tes fils se conduisent-ils mal ? lui demanda-t-on. As-tu à te plaindre d'eux?

— Non, reprit Séménoff avec une noble simplicité : mes fils sont des enfants dociles et respectueux; je les aime comme je le dois, mais je ne veux pas qu'on puisse dire de moi, que j'ai fait remplacer sous les drapeaux un de mes fils, par l'enfant que j'ai adopté; je ne veux pas que ce pauvre orphelin soit malheureux, par mon fait. Il n'a ni père ni mère; il est sans famille. Quand je l'ai recueilli, je me suis fait son père, sinon par le droit du sang, au moins par la volonté de Dieu. »

Et, quoi qu'on fît pour l'en détourner, il envoya son fils aîné sous les drapeaux.

COMTE APRAXINE.

LE TRÉSOR

ANS un vieux château de la haute Provence vivait un bon négociant, retiré des affaires, après y avoir amassé une fortune considérable. Trois fils lui restaient des nombreux enfants qu'il avait eus de son mariage avec une fille fort noble, fort sage et fort pauvre, qu'il épousa par amour, au temps où il n'était pas encore riche.

Robert, l'aîné, était un grand garçon de vingt ans, un peu roux, mais d'assez beau visage. Il montait bien à cheval, faisait des armes, aimait la chasse de passion, parlait haut et rudement, et n'était aimé de personne, excepté de son père : les pères ont toujours certain coin d'affection pour leurs enfants, quelque mauvais sujets qu'ils soient.

Le second fils de M. Domery se nommait Gustave : il avait des goûts plus sédentaires et plus calmes que ceux de son aîné; on le tenait pour un savant, car il se montrait partout avec un livre sous le bras.

Paul, le plus jeune, ne ressemblait point à ses deux frères. C'était un enfant de douze ans, si doux et si timide, qu'on ne s'apercevait guère de sa présence, si ce n'est lorsqu'il s'agissait de rendre service et d'être agréable à quelqu'un. Il se mettait de lui-même à la dernière place; et, loin de faire ostentation, comme ses aînés, de la fortune paternelle, il avait coutume de n'en jamais parler, pour ne pas faire envie à ses voisins moins riches que lui.

La terre de M. Domery était la seule propriété qu'on lui connût; mais elle valait deux cent mille francs, et son revenu, suffisant pour faire vivre honorablement une famille plus nombreuse, s'augmentait chaque année par des améliorations bien entendues. Le château était situé à l'entrée d'un bois et environné de jardins; on y vivait simplement, au milieu des occupations et des amusements que procure le séjour de la campagne.

C. J. LEWIS, PINXT   J. C. ARMYTAGE, SC.

Le curé du village voisin venait trois fois la semaine donner des leçons à Paul, dont il faisait l'éducation sous l'œil de son père ; il enseignait aussi les mathématiques et la chimie aux deux fils aînés qui avaient fait leurs classes dans un collége. C'était l'ami intime de la maison : il avait baptisé Paul et fermé les yeux de la bonne madame Domery, qui mourut en donnant la vie à son plus jeune fils.

M. Domery pleurait encore sa femme, au bout de douze années, et la douleur de cette perte irréparable le minait lentement. Parfois, il regardait le petit Paul et disait, avec des larmes dans les yeux :

« C'est mon Benjamin, l'enfant de ma douleur, comme dit l'Écriture ; en me l'envoyant, Dieu a voulu reprendre la mère ; que sa volonté soit faite !... »

Un matin, M. Domery descendit plus tard que de coutume dans la salle à manger où ses fils étaient réunis ; il avait l'air si triste et si grave, que Gustave et Robert comprirent sur-le-champ qu'ils allaient apprendre une mauvaise nouvelle. En effet, M. Domery fit sortir les domestiques, puis il dit à ses enfants inquiets et attentifs :

« Mes chers amis, la cousine germaine de votre mère, madame Revoyal, est décédée : elle vivait de la petite pension que le Gouvernement accorde aux veuves d'officiers morts à son service ; sa fille, la pauvre petite Thérèse, n'a plus personne au monde. Je prendrai soin d'elle : c'est une sœur que je vous donne ; aimez-la bien. »

Robert et Gustave accueillirent ces paroles, par un morne silence ; à peine s'ils purent prendre sur eux de s'incliner froidement, en signe d'assentiment. Le bon Paul se jeta au cou de son père, en lui disant :

« Je l'aimerai bien, notre sœur Thérèse ; je lui apprendrai tout ce que je sais ; le soir, pendant que je vous ferai la lecture, elle sera là ; et, après, si elle a été bien sage, nous jouerons tous ensemble...

— Messieurs, dit M. Domery, en se tournant vers ses deux autres fils, cet enfant a mieux compris que vous ce que je dois à la pauvre orpheline. Mais ce n'est pas d'elle seule que je voulais vous parler, reprit-il après un moment de réflexion ; asseyez-vous : il me reste autre chose à vous dire. »

Les jeunes gens obéirent, en se regardant à la dérobée. Ces derniers mots de leur père les effrayaient un peu ; ils prévoyaient quelque mercuriale, et chacun examinait les petites fautes qu'il avait sur la conscience. Paul, tranquille et le regard serein, écoutait avec attention.

« Je suis riche, poursuivit M. Domery, pas assez cependant pour que vous ne cherchiez point à vous créer une fortune en dehors de celle que je vous laisserai. Il faut choisir un état : celui d'un bon cultivateur vivant sur des terres qu'il améliore, et dont il quintuple le revenu, est peut-être le meilleur et le plus honorable de tous ; je le sais, moi qui ai vécu dans les villes et passé vingt années dans le commerce. Voulez-vous être cultivateurs ? Il y a près d'ici une ferme, peu considérable, à la vérité ; mais c'est assez pour vos essais; je puis l'acheter et vous la donner sur-le-champ, en avancement d'hoirie.....»

Robert était devenu blême, à cette proposition.

« Vous voulez donc faire de nous des paysans? dit-il; sans doute, si vous ordonnez que nous poussions la charrue, il faudra bien obéir, mais ce n'était pas la peine de nous faire apprendre le latin et les mathématiques!...

— Sans doute, se hâta d'ajouter Gustave, qui craignit l'effet de cette réponse un peu trop hardie, nous obéirons, mais à regret, mon père.

— A Dieu ne plaise que je veuille vous contraindre! reprit M. Domery : ceci n'était qu'une proposition. Voyons, Messieurs, quelles sont vos intentions, pour l'avenir?

— Moi, dit Robert, je veux quelque profession qui m'enrichisse promptement et sûrement, car j'ai de l'ambition. Si je me faisais soldat?

— Vous auriez cinq sous par jour, et double paie, quand le roi vous passerait en revue; on fait des économies avec cela!

— On se fait tuer, ou l'on devient général en quelques années! Il y a eu des généraux de vingt-deux ans, mon père?

— Oui, cela s'est vu dans un autre temps; mais aujourd'hui vous trouveriez beaucoup plus de sous-lieutenants de cinquante ans, que de généraux de vingt-deux. Réfléchissez mieux, mon fils, avant de prendre un parti; je vous donne jusqu'à la fin des vacances; c'est un peu moins de deux mois. Et, vous, Gustave, quel état choisissez-vous?

— Ce n'est pas trop de deux mois pour y penser, mon père; cependant, je crois que je me ferai avocat : j'ai de l'ambition, moi aussi; mais je ne suis pas si glorieux que Robert, je me contenterai de gagner de l'argent, beaucoup d'argent. On dit qu'il y a des avocats dont chaque plaidoirie rapporte mille écus?

— Ceux-là, mon fils, n'aiment pas tant l'argent que vous, et c'est à force de désintéressement et de probité, qu'ils ont fait leur réputation. Chez eux, le riche paye pour le pauvre, et en compensation d'un plaidoyer de mille écus, il y en a plusieurs qui ne rapportent rien du tout. Ils sont honorés, ces hommes-là, mais ils ne font guère fortune. Croyez-moi, choisissez un autre état.

— J'y songerai, mon père. »

Le déjeuner s'acheva ensuite fort silencieux, et, aussitôt après, les deux aînés allèrent courir dans la campagne, se faisant mutuellement part de ce qu'ils appelaient les manies de leur père.

Quelques jours plus tard, la pauvre petite Thérèse arriva : c'était une enfant de dix ans, fraîche et belle comme un ange sous ses tristes habits de deuil. Elle se jeta tout d'abord dans les bras de M. Domery, en l'appelant son père, son bon père; puis, elle se tourna timidement vers les deux frères aînés qui ne lui disaient rien, et s'écria, en leur offrant la main :

« Me voulez-vous aussi pour votre sœur? »

Ils lui donnèrent la main, d'assez mauvaise grâce; Paul, qui se tenait à l'écart, selon son habitude, s'approchant alors :

« Ma chère Thérèse, dit-il en embrassant l'enfant, je t'aimerai bien, moi! Je serai ton frère, je te ferai étudier tes leçons, et ensuite nous jouerons ensemble dans la chambre de papa, et avec lui, si nous sommes bien sages. »

Thérèse tendit sa petite main à Paul, et lui répondit, en souriant :

« Oui, je serai sage, pour me faire aimer de tout le monde ici; j'étudierai bien mes leçons. Mais, vois-tu, je suis déjà savante : je sais lire, tricoter et faire de jolis ouvrages; ma pauvre maman disait que je serais bientôt une bonne ménagère et qu'elle me confierait le gouvernement de la maison, dès que j'aurais douze ans. »

A ce souvenir de sa mère, l'enfant soupira, et de grosses larmes tombèrent le long de ses joues.

« Je ne la verrai plus, dit-elle en se tournant vers M. Domery, elle est morte!... Elle m'a bien recommandé de vous aimer et de vous obéir! Ah! je ne l'oublierai jamais! »

Le curé avait été invité à dîner; dès qu'il fut arrivé, Paul lui présenta Thérèse, en lui demandant, d'une façon toute gentille, son amitié pour elle.

« C'est une pauvre petite orpheline, dit-il : il faut que tout le monde l'aime, pour lui rendre un peu ce qu'elle a perdu. »

Le curé fit asseoir Thérèse près de lui, et l'interrogea tout doucement, sans l'effrayer, sur ce qu'elle savait, sur son travail, sur ses amusements. Elle répondit à tout, avec une douceur et une intelligence parfaites.

« C'est un ange, dit M. Domery; elle portera bonheur à cette maison. Vous achèverez son éducation, monsieur le curé? Dans deux ou trois ans, je veux la mettre à la tête de mon ménage.

— Ne voilà-t-il pas une jolie maîtresse de maison? dit Robert, en poussant le coude de Gustave : elle voudra commander!

— Une ménagère à la bavette! Gare les pots de confitures, si elle a les clefs de l'office!... Depuis quelque temps, mon père n'a que des idées extravagantes.

— Tais-toi! Paul nous écoute; c'est un sournois qui est capable de rapporter tout à mon père; il faut se méfier de lui. »

Dès ce jour, Thérèse fut de la famille, et M. Domery l'aima, comme si elle eût été sa propre enfant. Elle avait pour lui tous les soins et la tendresse d'une fille. Dès le matin, elle était au chevet du vieillard, et, tandis qu'il lisait son journal, elle préparait et servait le chocolat, sans vouloir que personne se mêlât de tous ces menus arrangements qui exigent tant d'adresse et de propreté. Ensuite elle prenait son ouvrage, non pas une broderie, mais le linge de la maison, qu'elle raccommodait avec soin. Une sorte de fierté lui disait que, puisqu'on la gardait chez des parents, riches, à la vérité, mais qui au fond ne lui devaient rien, elle pouvait du moins gagner sa vie par un travail assidu : c'était pour elle une grande satisfaction de sentir qu'ainsi elle n'était point à charge à son bienfaiteur. Dans ses moments de récréation, elle brodait des pantoufles pour Paul, ou bien quelques coussins bien moelleux pour le fauteuil à bras de M. Domery. Jamais elle ne restait un moment oisive, et dès lors on pouvait pressentir qu'elle aurait l'amour de ses devoirs, et, comme disait le curé, la sagesse et la vigilance d'une *femme forte*, dont la sainte Écriture fait un si beau portrait.

L'après-midi, quand il faisait beau, on allait ordinairement promener au val de Mouras. C'était une petite propriété que M. Domery venait d'acquérir, celle-là même qu'il avait proposée à ses fils pour y faire des essais d'agriculture. Un petit bois séparait de la grande propriété le val de Mouras, et on y allait par un joli chemin tout ombragé de chênes et de noisetiers. La maison, bâtie en terre, n'avait qu'un étage; devant la porte croissaient deux gros mûriers blancs, et sous leur ombrage coulait une fontaine rustique. Le val de Mouras ne donnait pas d'abondantes récoltes : c'était un terrain en jachère, où paissaient toute l'année les moutons; mais il était possible d'en tirer un grand parti. M. Domery prenait plaisir à instruire Paul de toutes les améliorations que la culture pourrait produire sur cette terre encore stérile, et Thérèse, toujours présente à ces entretiens, s'appliquait à les bien comprendre.

« Qui sait? disait-elle gaiement : peut-être, quelque jour, serai-je fermière?... Vous verrez, mon bon papa, quels beaux poussins j'élèverai ! sans compter les lapins qui ne coûtent rien à nourrir, les vaches dont on retire un si bon profit... Si vous étiez pauvre, cher papa, et que notre frère Paul ne pût pas travailler, je vous nourrirais tous deux, en prenant une bonne ferme. »

M. Domery l'embrassait, les larmes aux yeux, quand il l'entendait parler ainsi.

« Va, ma petite sœur! lui disait Paul, si mon père n'était plus riche, c'est moi qui travaillerais pour vous deux. »

Robert et Gustave voyaient avec une jalouse haine cette bonne intelligence et l'amitié que leur père portait à l'orpheline.

« Elle héritera du quart de notre patrimoine, je vois cela d'ici, disait un jour Robert; et, en attendant qu'on nous dépouille pour lui faire une dot, il nous faut devenir laboureurs!... Je n'ai jamais eu tant d'envie de devenir riche.

— Et moi donc! s'écria Gustave; c'est si désagréable de voir des étrangers s'impatroniser dans la maison! En outre, nous n'avons jamais d'argent. Ah! nous aurions bien besoin d'être riches! »

Un soir, c'était la fin des vacances, M. Domery se trouva si fatigué, en revenant du val de Mouras, qu'il eut grand'peine à regagner à pied le château. Il arriva, appuyé sur le bras de Paul. Thérèse avait couru devant lui, pour faire allumer un bon feu, car la bise soufflait du nord et une pluie fine commençait à bruire dans le feuillage.

A peine M. Domery fut-il dans sa chambre, qu'une espèce de convulsion le saisit, et il tomba à la renverse; ses yeux étaient tout grands ouverts, ses mains contractées; la sueur coulait goutte à goutte sur son front d'une pâleur livide. A ce spectacle, Thérèse jeta des cris lamentables, et se mit à appeler du secours de toutes ses forces. On accourut; on releva M. Domery, on le porta sur son lit; alors il parut reprendre connaissance.

« Il faut envoyer chercher monsieur le curé? dit Thérèse en sanglotant. Mon Dieu! mon Dieu! mon bon papa, comme il est pâle!... comme ses mains sont froides!... Quel malheur! »

La pauvre enfant avait déjà vu mourir; elle reconnaissait l'agonie, dans cette respiration inégale, dans ces yeux éteints et vitrés.

Robert et Gustave se parlaient à voix basse; ils ne pleuraient pas, mais ils avaient l'air inquiet et triste.

« C'est une attaque d'apoplexie, dit Gustave; il faut envoyer à la ville, pour avoir un médecin; mais il viendra trop tard...

— Ce pauvre homme! Comme cela lui est venu subitement! » reprit Robert.

Les deux mauvais fils ne trouvèrent pas d'autres regrets pour la terrible situation de leur père; après avoir donné quelques ordres, ils revinrent, cependant, près de son lit.

Tous les domestiques pleuraient, car ils allaient perdre un bon maître; Paul était à genoux et s'efforçait d'étouffer ses sanglots; Thérèse, debout au chevet du lit, réchauffait dans ses petites mains les mains du malade, et disait, d'une voix brisée :

« Mon bon père, regardez-moi!... C'est votre Thérèse qui vous parle... Souffrez-vous?... Voulez-vous boire un peu de cette eau sucrée? »

Alors elle approchait doucement le verre des lèvres de M. Domery; mais il s'agitait et rejetait la tête en arrière, sans répondre et sans vouloir rien prendre.

« Il ne peut pas me parler! il ne me reconnaît peut-être plus! Mon Dieu! mon Dieu! que faire! s'écriait Thérèse. Si M. le curé pouvait arriver!... »

Tout à coup, le malade sembla se ranimer un peu; il promena autour de lui un regard où luisait encore un reste de vie, et, reconnaissant ses enfants, il leur sourit. En ce moment, où la mort lui apparaissait si prochaine, il oublia les sujets de plainte que lui avaient donnés tant de fois ses deux fils aînés, et retrouva toute sa tendresse de père pour leur faire ses derniers adieux. Il leva la main, pour bénir les orphelins qu'il allait laisser, si jeunes encore et si dépourvus d'expérience, à la merci de leur propre faiblesse; puis, faisant un dernier effort, il leur dit :

« Mes enfants, aimez-vous bien... Partagez en bons frères mon héritage... Il y a ici un trésor...

— Un trésor! interrompirent à la fois les deux fils aînés : un trésor! »

Robert repoussa Thérèse et se pencha sur son père, en lui disant :

« Ce trésor, où est-il, mon père? Où l'avez-vous donc caché?

— Est-ce dans la terre?... dans les murs?... derrière quelque boiserie?... » reprit Gustave, qui avait passé de l'autre côté du lit.

Le moribond essaya de répondre; mais ses lèvres remuaient, sans articuler aucune parole; ses yeux s'éteignaient : heureusement, l'agonie l'empêcha de voir la contenance de ses fils dénaturés; tous deux restaient penchés sur lui, dans l'espoir d'en obtenir encore quelques mots. Paul et Thérèse, tout en larmes, agenouillés près du lit, ne songeaient qu'au malheur de perdre leur père bien-aimé.

Le pauvre vieillard n'avait plus que le souffle : il ouvrit encore une fois la bouche, mais ce fut pour rendre le dernier soupir; il était mort, et Robert lui criait encore : « Le trésor, mon père ! Dites où est le trésor? »

Quand le curé arriva, tout était fini depuis une demi-heure : il prit par la main Paul et Thérèse, qui pleuraient auprès du lit et les emmena au presbytère; les deux autres avaient déjà quitté la chambre mortuaire, en ne parlant que du trésor à découvrir.

Le lendemain, on enterra M. Domery, et le surlendemain les hommes de loi venaient pour régler les affaires de la succession. Alors se présentèrent de grandes difficultés; chacun des deux aînés se disputait déjà la possession du château, car ce mot de leur père : *Il y a ici un trésor*, revenait sans cesse à leur pensée; ils ne s'entendaient que sur un seul point, c'était d'enlever à Paul sa part de succession ou du moins de la diminuer autant que possible. Quant à Thérèse, comme il n'y avait point de testament, et qu'elle n'avait, par conséquent, droit à rien, ils résolurent de la mettre simplement à la porte.

Après de longs débats, les deux frères convinrent de s'attribuer, à eux seuls, la propriété du château, en le divisant du bas en haut, par une ligne de démarcation imaginaire; de cette manière, les chances seraient égales pour la découverte du trésor, et chacun demeurait libre de fouiller à sa guise la moitié qui lui appartiendrait; mais, au moment de choisir entre les deux parts, ils hésitèrent, tant chacun craignait de céder à l'autre l'endroit où était caché le trésor ! Gustave avait bien envie de le chercher, de concert avec son frère, et de le partager avec lui, après l'avoir trouvé; mais Robert, plus ambitieux et plus avide, dit résolûment :

« J'aurai tout ou rien... A chacun sa part. Choisis?...

— Je n'ose ! répondit Gustave, tremblant à l'idée de se tromper : si nous laissions décider le hasard?

— Soit ! Prenons des cartes. Celui qui aura dans son jeu la dame de cœur deviendra unique maître de la partie gauche du château? »

Gustave alla chercher les cartes; et cet abominable jeu, où le hasard allait faire les parts de l'héritage paternel, commença : As de pique, dix de trèfle, valet de carreau, dame de cœur !...

« A moi la dame de cœur ! s'écria Robert; j'ai le côté du château où était la chambre de mon père !... C'est là que doit se trouver le trésor ! »

Dès le lendemain, le partage était fait. Paul eut pour son lot quelques terres et le val de Mouras; mais il conservait son droit de résidence au château et devait demeurer avec ses frères, jusqu'à ce qu'il eût dix-huit ans accomplis.

Le même jour, quand la famille fut réunie pour le dîner, Robert, qui occupait à table la place de son père, dit d'une voix impérieuse, en désignant la pauvre Thérèse :

« Je crois qu'il convient de ne pas garder ici cette enfant. Il faut la mettre quelque part où l'on en prenne soin, moyennant une petite pension; j'ai songé pour cela à la vieille mère Véronique.

— Oh! mon frère, y pensez-vous! interrompit Paul : une femme si pauvre! Encore, si ce n'était que cela : pauvreté n'est pas vice! mais une vieille créature, méchante comme un âne rouge. Tout le village l'a en abomination, et M. le curé lui-même ne lui fait la charité, que pour l'amour de Dieu.

— Je n'ai pas besoin de vos observations, dit Robert, en le regardant de travers; je suis l'aîné, je suis le chef de la famille, et j'entends que l'on m'obéisse.

— Pas en ce qui concerne Thérèse, répondit Paul avec fermeté. Mon père vous a toujours dit qu'il la considérait comme notre sœur; si vous oubliez cela, vous, je m'en souviens, moi... Je la protégerai contre vos mauvaises intentions...

— Taisez-vous, petit garçon! s'écria Robert furieux; taisez-vous, sinon...

— Oui, tais-toi, dit Thérèse en se jetant tout éplorée au-devant de Paul; je ferai ce qu'on voudra : je m'en irai!... Mais ne te brouille pas avec tes frères, à cause de moi... J'aime mieux partir que de te voir malheureux. Va, le bon Dieu aura pitié de nous : ma mère et ton bon père viendront me chercher, et je les suivrai dans le ciel!... »

Le pauvre Paul se mit à pleurer, en l'entendant parler ainsi; tous deux quittèrent la table, et se réfugièrent dans le jardin.

Bien que la saison fût avancée, il faisait le plus beau temps du monde : la lune se levait, brillante et sereine, au-dessus des grands arbres de la forêt; on entendait au loin la clochette des troupeaux qui revenaient du pâturage.

« Il y a encore du monde par les chemins, et la nuit est bien claire, dit Paul : si nous allions au village trouver M. le curé, il nous donnerait quelque conseil? Il me dirait comment il faut faire? Car, vois-tu, Thérèse, je ne consentirai jamais à te laisser mettre chez la mère Véronique!

— Oui, allons voir M. le curé, répondit-elle un peu consolée; il viendra sûrement à notre secours; il nous aime tant! »

Ils se prirent par la main et cheminèrent vers le village, non sans trembler un peu, car ils ne s'étaient jamais vus seuls, et si tard, sur une grande route.

Le bon curé fut fort affligé, lorsqu'il apprit ce qui s'était passé, et il ne savait trop quel parti prendre, pour remédier au malheur de Thérèse.

« Monsieur le curé, dit Paul avec une gravité au-dessus de son âge, cette pauvre enfant est abandonnée de tout le monde, mais je puis la secourir : il m'est venu une idée, et si vous l'approuviez...

— Parle, mon ami ; voyons ?

— On ne veut plus de Thérèse au château... Eh bien ! j'ai envie de l'emmener au val de Mouras : cet endroit m'appartient ; on ne pourra pas l'en chasser ; nous vivrons avec les paysans ; ce sont de braves gens ; nous travaillerons comme eux, et, quand je serai un peu plus grand, je n'aurai d'autre fermier que moi-même. Mon père disait que c'était là l'état le plus honorable qu'on pût choisir... Eh bien ! monsieur le curé, que dites-vous de mon idée ?

— Nous verrons demain ! » répondit le bon curé.

Pendant ce temps-là, Gustave et Robert se querellaient, à table : chacun voulait être le maître et commander aux domestiques ; avant le dessert, ils se séparèrent, bien déterminés à ne plus manger ensemble dorénavant. Chacun alla rêver au trésor, en attendant les recherches qui devaient le faire découvrir.

Le lendemain matin, le curé conduisit lui-même Paul et Thérèse au val de Mouras ; il n'y avait, dans la petite maison, qu'un vieux berger et sa femme, aussi âgée que lui.

« Sainte Vierge ! s'écrièrent ces braves gens, comment notre jeune Monsieur pourra-t-il demeurer ici, lui qui était habitué aux belles salles du château ? Il n'y a pas un seul carreau de vitre derrière les volets ; la cuisine est noire comme la bouche d'un four sans feu, et notre chambre ne vaut guère plus que l'étable. Notre pauvre maître (que Dieu ait son âme !) avait promis de nous mieux loger ; mais il est mort trop tôt, pour notre malheur...

— Je coucherai dans la petite chambre d'en haut, ma bonne Marthe, dit Paul, et vous ferez un lit pour ma sœur, à côté du vôtre. Nous voulons devenir paysans, voyez-vous, et je compte que Mathias votre mari me donnera de bonnes leçons pour élever des bestiaux. Allons, allons arranger notre logement. »

Cette installation ne fut pas longue. Paul se contenta d'une étroite mansarde, dont les quatre murs étaient blanchis à la chaux ; il plaça, sur une planche de sapin, ses livres et ses cahiers d'écriture ; dans un grand coffre, ses beaux habits de drap, qui ne pouvaient plus lui servir désormais, du moins tous les jours, quand il travaillerait aux champs. Une table bancale et deux grosses chaises de paille complétèrent son ameublement. Il ne manquait plus qu'un rideau à la fenêtre ; Marthe y suppléa par un vieux drap de lit, encore plus troué que rapiécé ; ce n'était pas beau, mais ce linge suffisait pour amortir les rayons du soleil, qui frappaient sur les volets vermoulus.

Quand sa chambre fut organisée, Paul s'assit au pied de son lit, composé d'un seul matelas bien mince et passablement dur. Une comparaison involontaire du passé avec le présent vint l'attrister ; il est malaisé de déchoir, et l'on ne renonce pas sans peine aux superfluités, dont l'habitude a fait un besoin ; le pauvre enfant l'éprouvait alors : malgré lui, ses yeux se remplirent de larmes, et il s'écria :

« Ah ! si mon père vivait encore, je ne serais pas si malheureux ! »

Thérèse était entrée, tout doucement, dans la chambre; elle devina bien vite le sujet des chagrins de Paul, et, lui passant un bras autour du cou, elle lui dit :

« Mon frère, aie bon courage! tu verras que tu redeviendras riche!... Nous travaillerons, nous prendrons de la peine, et Dieu bénira notre ouvrage... A la place de cette petite maison, nous ferons bâtir un château, plus beau que celui de ton père... Qu'importe que tes frères gardent tout? Qu'importe qu'ils s'emparent de ce trésor caché, qui leur fait tant d'envie?... Va, nous serons plus riches qu'eux, et surtout plus heureux. Allons, viens nous promener un peu sur ton domaine. »

Ils descendirent ensemble dans le petit jardin, puis ils allèrent parcourir toute la propriété. On avait fort bien fait de l'appeler le val de Mouras, car, dans toute son étendue, le sol n'était hérissé que de ces ronces aux fruits noirâtres, qu'on nomme *amouras*, dans le langage du pays.

Çà et là, cependant, quelques champs de luzerne s'étendaient, comme de frais tapis, au pied de quelques grands chênes, et leur sombre verdure se mêlait aux touffes du genêt qui fleurit en toute saison.

« Il faudra tirer parti de ce terrain, dit Paul. Ma bonne petite sœur, nous allons être nous-mêmes nos fermiers; dès demain, je prierai M. le curé de m'indiquer quelques journaliers; et, quand j'aurai fini mes devoirs, j'irai les voir travailler, je prendrai la pioche avec eux; ce sera là ma récréation.

— Et, moi, je vais prier Marthe de m'aider à établir une petite basse-cour. Tu verras mes poules, mes canards... Va, je serai une bonne fermière! »

Ces projets furent bientôt mis à exécution, et bientôt Paul oublia presque, au milieu de ses travaux champêtres, qu'il y avait dans le voisinage un château, dont il s'était volontairement banni pour vivre dans une pauvre chaumière.

Tandis qu'on travaillait et qu'on était heureux au val de Mouras, les deux frères Domery bouleversaient leur château. D'abord ils avaient fouillé dans toutes les caves, puis arraché toutes les boiseries, et regardé jusque sous les tuiles de la toiture où ils n'avaient trouvé que des nids de moineaux.

Tous deux se jalousaient, sans être plus heureux l'un que l'autre dans leurs investigations; mais ils en étaient à ce point de s'envier jusqu'à leurs espérances. Parfois, ils se communiquaient leurs doutes, leurs illusions, sur la découverte tant désirée de ce trésor enfoui. Dieu seul savait où; mais ces entretiens finissaient toujours par des bouderies et des querelles.

Un jour, Robert, fatigué de ses inutiles recherches, venait de congédier ses ouvriers, lorsqu'il vit passer sur la route une vieille mendiante couverte d'un manteau qui n'était plus d'aucune couleur; elle avait sur le dos une besace, et un bâton à la main.

« Monsieur, voulez-vous que je vous dise votre bonne aventure? cria-t-elle à Robert : deux sous, pas davantage, c'est pour rien; je vous ferai aussi le jeu des tarots, et, si vous avez perdu quelque chose, je vous dirai où le retrouver. »

Robert ne fit qu'un saut jusqu'à elle : le cœur lui avait battu d'espoir, à l'idée de savoir la cachette du trésor ; il n'était pas trop simple cependant ; mais la cupidité et les mauvaises passions rendent superstitieux et crédule.

« Madame, dit-il avec autant de respect que s'il eût parlé à une princesse, donnez-vous la peine d'entrer chez moi, je désire vous consulter. »

Elle le suivit, tout ébahie; il la conduisit dans sa propre chambre, et, après avoir refermé la porte sur eux, il lui dit, à voix basse, d'un air de mystère :

« Il y a, dans cette maison, un trésor caché : si vous pouvez me dire seulement en quoi il consiste, je vous donnerai quarante francs. »

Quarante francs! Pour une pièce de trente sous, la bohémienne eût prédit au premier venu l'empire du monde. Elle passa la main sur son nez crochu, ferma ses gros yeux gris, et feignit de se recueillir; puis, elle dit, avec le plus grand sang-froid :

« Le trésor est un diamant, gros comme un œuf de poule; il n'a pas son pareil sur la terre, et si le roi l'achetait pour quatre millions, le roi ferait certes un bon marché.

— Quatre millions! répéta Robert; mais ce diamant, où le trouverai-je?

— Cherchez-le depuis les caves jusque dans les combles de cette maison, et vous le trouverez; depuis les caves jusque dans les combles, sans oublier une seule pierre, entendez-vous?

— Il faudra tout démolir, pensa Robert; j'y étais déjà presque décidé; mais, diable! s'il faut commencer par les caves, la maison va tomber sur moi. »

Il donna quarante francs à la pauvresse, qui, n'ayant jamais eu tant d'argent en sa possession, s'en alla bien vite, de peur qu'on ne le lui ôtât. Elle avait à peine franchi la porte, que Gustave accourut derrière elle : il s'était douté du métier qu'elle exerçait, et il la guettait au passage.

« Venez par ici, ma bonne mère; je voudrais vous consulter un peu? dit-il, en la menant à l'office pour lui faire prendre un verre de vin.

— Merci, monseigneur; à votre santé! dit-elle, en buvant rasade.

— Je vais vous interroger sur quelque chose qui me tient fort à cœur : depuis tantôt quatre mois, je cherche ici un trésor, sans le pouvoir trouver; si vous m'en donnez quelque nouvelle, cette pièce d'or est à vous. »

La bohémienne tira de son sac un sale jeu de cartes, et, les tournant au hasard, dit effrontément :

« Le trésor que vous cherchez est un collier, composé de trente perles, dont la plus petite est grosse comme un œuf de pigeon. C'est un bijou sans prix; néanmoins, si quelque reine ou princesse vous priait de le lui céder pour quatre millions, je vous conseillerais de le lui vendre.

— Mais où est-il, ce collier?

— Il est dans cette maison; cherchez depuis les combles jusque dans les caves; ne laissez pas pierre sur pierre et vous le trouverez. Adieu, mon doux seigneur. »

Gustave dit comme son frère : « Il faudra démolir! » Ce fut pourtant avec quelque hésitation, car il était un peu plus avisé que Robert; mais, se souvenant que son père avait fait longtemps le commerce des bijoux, il ne douta plus de la vérité de l'oracle de la bohémienne, et s'écria :

« Voici la clef de tout ce mystère sans doute! Mon père avait raison de cacher ce trésor inestimable, dans quelque endroit sûr... Mais il aurait dû m'en parler plutôt, à moi seul, au lieu de nous dire, à son dernier moment : « Il y a ici un trésor! » La mort est venue trop tôt lui couper la parole... Allons, allons, il faut démolir; ce n'est pas la peine de regretter ce vieux château; j'en ferai bâtir un plus beau, à la même place. »

Le jour suivant, arrivèrent des ouvriers que les deux frères payaient largement; on se mit à la besogne, et chacun y alla de si bon courage, qu'un incendie n'eût pas mieux fait. C'était pitié de voir ces bonnes murailles, ces riches boiseries, ces sculptures, ces peintures, tomber sous le marteau. Rien ne fut épargné : plus l'œuvre avançait, et plus les deux frères semblaient acharnés à leur ruine. Quand il ne resta plus pierre sur pierre, ils firent ouvrir de grandes tranchées et bouleversèrent le jardin dans tous les sens. Le résultat ne fut pas magnifique : dans les caves, on trouva des tessons de bouteilles, de la vieille ferraille, et, dans le jardin, plusieurs nids de belettes, pas autre chose.

Ces travaux durèrent plus d'un an et coûtèrent des sommes énormes ; quand les ouvriers furent payés, Robert et Gustave n'avaient plus rien que des dettes. Ils résolurent alors de quitter le pays pour toujours, et s'en allèrent à Paris; là, ils se trouvèrent tout à coup au milieu d'un monde nouveau, qu'ils n'avaient entrevu que de loin. Dieu sait quelles épreuves douloureuses les y attendaient, malgré leurs beaux projets de fortune.

Les deux frères s'étaient perdus de vue, depuis longtemps; après bien des déceptions et bien des vicissitudes, au bout de dix années ils se rencontrèrent, à l'hôpital; ce fut à peine s'ils purent se reconnaître, tant ils étaient changés et vieillis.

« Je suis bien las de cette chienne d'existence, dit Robert, surtout quand je pense au trésor qui est caché là-bas, sous les ruines de notre château.

— Dussé-je gratter la terre avec mes ongles, je recommencerais mes recherches, s'écria Gustave.

— Mon frère, nous n'avons peut-être pas bien fouillé !...

— Peut-être!... Il faut retourner en Provence : autant vaut mourir de faim dans notre village, qu'ici. »

Au bout de quelques jours, les deux frères quittèrent l'hôpital, et, quoique faibles et malades, ils se mirent aussitôt en route.

Il fallut faire deux cents lieues à pied, sans argent, presque sans vêtement, vivant d'aumônes, couchant la nuit au bord des chemins, ou bien dans quelque écurie, parmi les chiens et les chevaux. Des rêves, des projets de fortune, allégeaient encore, pour ces malheureux, un si pénible voyage.

Enfin ils arrivèrent, et tout d'abord ils eurent quelque peine à retrouver la place où s'élevait jadis le château de leur père : la charrue avait passé sur les décombres; les jardins s'étaient changés en prairie.

Robert s'assit, fort attristé, au pied d'un gros ormeau qui ombrageait autrefois la terrasse, et il promena autour de lui un sombre regard.

« Le trésor est là, dit-il d'une voix éteinte. Mais comment le trouver? Et, en attendant, que devenir? Voici bientôt la nuit, j'ai faim.....

— Si nous allions au val de Mouras? dit Gustave : Paul doit y être encore...

— Tu veux lui aller montrer notre misère?

— Nous ne sommes pas dans une position à faire les glorieux : point de vêtements, point de logis, point d'argent; il vaut encore mieux mendier chez notre frère, que chez des étrangers; viens!...»

Ils s'acheminèrent lentement, à travers le bois, et, au bout d'une heure, ils étaient au val de Mouras. Là, ils ne reconnurent pas les lieux qu'ils avaient quittés dix ans auparavant. Un château avait remplacé la ferme; il était environné de grands jardins et de fabriques. Une voiture, arrêtée au perron, s'éloigna, au moment où les pauvres voyageurs touchaient la grille. Le chien de garde aboya de toutes ses forces contre eux : il avait senti des mendiants. Le concierge parut sur sa porte et leur dit avec compassion :

« Dieu vous assiste, pauvres gens! Passez du côté des cuisines, on vous donnera de la soupe et du pain.»

Robert rougit et allait répliquer avec colère; Gustave lui serra le bras, et répondit d'un ton assorti à son humble extérieur:

« Monsieur, pardon! nous voudrions parler à M. Paul Domery?

— Il vient de sortir en voiture avec Madame, et ne rentrera pas avant deux heures.»

Les deux frères entrèrent dans le vestibule; un domestique en livrée vint à eux.

« Nous allons attendre le retour de M. Domery, dit Gustave.»

Le domestique, en voyant ces deux étrangers, à l'air famélique, tout pâles et déguenillés, les prit pour des mendiants suspects, et leur dit assez rudement :

« On n'entre pas ici : allez aux cuisines, c'est là votre place.

— Eh! pour qui nous prenez-vous donc?

— Parbleu! pour ce que vous êtes, pour de pauvres diables qui demandez à souper...

— Insolent! interrompit Robert, nous sommes les frères de votre maître.»

Le domestique, intimidé, les introduisit dans une magnifique pièce, très-richement meublée; on ne voyait que cristaux et dorure sur la cheminée, et des tableaux de prix ornaient les lambris. Les Domery jetèrent une exclamation de surprise; puis, frappés de la même idée, ils s'arrêtèrent en face l'un de l'autre, et Robert s'écria :

« C'est Paul qui a trouvé le trésor!...

— Hélas! oui... il l'a trouvé! reprit Gustave atterré; nous revenons trop tard!»

Deux heures après, on entendit le bruit d'une voiture; M. et Madame Domery rentraient. Le domestique courut au-devant d'eux, pour leur annoncer l'étrange visite qui les attendait au salon. Paul ne l'eût pas plutôt apprise, qu'il s'écria, en courant, les bras ouverts :

« Mes frères, mes chers frères! soyez les bienvenus !... »

Pendant un moment, ce ne furent que pleurs et embrassements. Les deux aînés, attendris d'un tel accueil, restaient muets; le bon Paul leur serrait les mains en disant :

« Oh ! je vous reconnais bien!... Mon Dieu ! que vous devez avoir souffert !... Mais à présent, votre malheur est fini..... »

Madame Domery se tenait derrière son mari; ses beaux yeux noirs étaient pleins de larmes; elle souriait, cependant, avec la bonté d'un ange.

Quand ces premiers transports furent un peu calmés, on s'assit autour du feu, et Robert dit, en essuyant ses yeux :

« Tu es toujours bon, Paul : tu n'as pas changé, bien que tu sois devenu riche...

— Tu es fort riche, mon frère? demanda Gustave.

— Oui, j'ai quatre millions environ.

— C'est cela !... Paul, nous ne te l'envions pas; mais avoue que tu l'as trouvé.....

— Quoi ?

— Ce que Robert et moi nous avons si vainement cherché!... le trésor? Ne te rappelles-tu pas les dernières paroles de notre père ?... Ce trésor, dont il n'eût pas le temps de nous désigner la place, tu l'as découvert, toi ?...

— En effet, répondit Paul, prenant la main de sa femme : le voici !

— Comment! s'écrièrent à la fois les deux frères.

— Oui, continua Paul; mon père nous dit : *Il y a ici un trésor.* Il disait vrai : c'était la pauvre orpheline, Thérèse, la femme forte, laborieuse et sage, dont parlent les saintes Écritures. Je lui dois ma fortune et tout le bonheur de ma vie. Par son industrie et son application, elle a créé une fabrique, qui donne du travail à tout le village, et qui nous a faits millionnaires, en peu d'années. Tant que nous avons été enfants, je l'ai appelée ma sœur, et plus tard notre bon curé me l'a donnée pour femme.

— Mes frères, reprit Thérèse, en leur tendant la main avec bonté, puisque vous êtes de retour, vivons tous ensemble! Que cette maison devienne la vôtre! »

Les Domery se regardaient, stupéfaits et le cœur gros de bonheur.

« Nous étions de méchants fous, dit Gustave à Robert. Paul seul a été sage et meilleur ; aussi, a-t-il trouvé le véritable trésor : une bonne femme! »

P. L. JACOB, bibliophile.

LES FEMMES SAVANTES

C'était en 1644, à l'époque de la plus grande splendeur de l'hôtel de Rambouillet. La marquise avait fait prévenir, presque secrètement, par son petit laquais, les *savantes*, les *philosophes* et les *nécessaires* de son *rond*, c'est-à-dire les dames et demoiselles de son cercle, passionnées pour la *belle* science et pour la *haute* philosophie, qu'elle se trouvait indisposée et que, devant fermer sa porte ce soir-là, elle les priait de venir lui faire compagnie, pour entendre « un grand poëte de Rome réciter ses vers en beau langage français. »

Aucune des invitées ne manqua donc à l'appel de la marquise de Rambouillet. L'hôtel, situé rue Saint-Thomas du Louvre, ne paraissait pas éclairé; la grande porte d'honneur était fermée, on n'entrait que par la petite porte, où le suisse avait ordre de n'admettre que des *personnes du sexe*, selon l'expression admise dans le jargon de la maison. Il n'y avait d'exception, que pour « le grand poëte latin représenté sous les traits d'un jeune gentilhomme de bonne mine et sous le nom de M. de Molière. »

Ce jeune gentilhomme arriva le premier, vers six heures du soir; il fut introduit mystérieusement dans un cabinet qui précédait la *grande chambre*, où madame de Rambouillet n'admettait que les *illustres* et les *intimes*. Le cabinet, où Molière entra, sous la conduite d'un valet portant un lourd chandelier d'argent où brûlait une grosse *chandelle de cire* jaune, était divisé en plusieurs *réduits*, au moyen de paravents en tapisserie de Beauvais. On apporta un pliant, sur lequel le nouveau venu fut invité à s'asseoir dans un de ces réduits, et l'on plaça sur un guéridon le flambeau allumé jetant à peine une lueur indécise au milieu des ténèbres qui régnaient dans cette salle déserte et silencieuse.

Le personnage, qui s'était présenté en se nommant *M. de Molière*, n'avait pas trop la

LES FEMMES SAVANTES.

mine et les manières d'un gentilhomme, quoiqu'il portât moustaches et *royale*. C'était un garçon, d'une figure honnête, à l'air gauche et timide, parlant chapeau bas aux valets et saluant jusqu'à terre, chaque fois qu'il entendait ouvrir une porte. Il était vêtu de couleur sombre, sans dentelles et sans rubans ; mais ses habits neufs, en bon drap de Sedan, rehaussé de passements de soie, témoignaient de l'aisance et de la propreté, sans que rien dans sa toilette simple et bien ordonnée annonçât un poëte de profession.

On avait averti madame de Rambouillet de l'arrivée de M. de Molière ; mais, comme elle était assise sur son lit, attendant son monde, elle n'avait pas jugé décent et convenable de recevoir ce jeune homme. Sa fille Julie, surnommée la *divine Artenice*, étant plus curieuse et plus impatiente que sa mère, avait passé et repassé cinq ou six fois dans le cabinet, pour voir à la dérobée le poëte inconnu, qui se levait, à son passage, et ne cessait de saluer si profondément, qu'il ne montrait de son visage que le sommet de sa tête et les boucles flottantes de sa perruque blonde.

Voici les dames et les demoiselles invitées qui arrivent coup sur coup : la marquise de Sablé, la princesse de Condé, mademoiselle de Scudéry et sa belle-sœur, madame de Scudéry, mademoiselle Paulet, madame d'Adington, mademoiselle de Maure, et vingt autres appartenant à la première noblesse ou célèbres par leur beauté, leur savoir ou leur esprit. Quand le valet de chambre, d'une voix de stentor, prononçait un nom, qui retentissait à travers les salons, M. de Molière se levait de son pliant et renouvelait ses saluts.

Enfin, l'assemblée fut au complet, la marquise de Rambouillet, en toilette de nuit, assise sur son lit, ayant à ses pieds sa fille Julie sur un tabouret, et autour d'elle, dans la *ruelle*, c'est-à-dire à côté de son lit et en dedans de la balustrade qui fermait cette ruelle, l'élite de sa société féminine, placée sur des siéges ou fauteuils, des chaises ou des pliants, selon le rang, la naissance et la qualité de chacune. La chambre restant ouverte, M. de Molière entendait tout, s'il ne voyait rien, à cause des paravents qui l'environnaient.

Après bien des pourparlers, en style de précieuses, sur la santé de la maîtresse de la maison, celle-ci apprit, à son entourage, que le duc de Guise lui avait recommandé si particulièrement un jeune garçon, à la fois poëte et philosophe, qu'elle n'avait pu se dispenser de l'inviter seul, en l'absence des *illustres*, pour ne pas l'intimider, et aussi pour mieux apprécier ce qu'il valait. Ce jeune homme, appelé M. de Molière, avait traduit en vers libres le poëme latin de Lucrèce, *de Natura rerum*, et c'était cette traduction dont il devait donner lecture devant l'Aréopage de l'Hôtel. Ce jeune homme, ajouta-t-elle, avait été, au collége de Clermont, le condisciple de M. le prince de Conti, qui lui accordait beaucoup d'estime et d'amitié, comme au meilleur élève du philosophe Gassendi.

« Oh ! chère ! s'écria une des assistantes, qui n'était autre que Marie de Rabutin-Chantal, mariée depuis peu de mois au marquis de Sévigné : vous savez que ce Gassendi est l'ennemi et l'antagoniste de notre admirable Descartes ; vous savez encore qu'il y a bien du libertinage et de l'athéisme dans la philosophie des Gassendistes...

— Du libertinage! crièrent les unes. C'est donc un homme à fuir ?

— De l'athéisme! répétèrent les autres. C'est un homme à brûler vif. »

Le bruit d'une altercation assez vive s'éleva dans les antichambres, et les valets ne réussirent pas à empêcher l'entrée majestueuse d'un personnage, en costume d'abbé galant, tout agrémenté de nœuds de rubans roses et bleus. Un cri de surprise et de joie retentit, par toute la chambre, lorsqu'il y parut, et les dames se précipitèrent à sa rencontre, avec des marques d'admiration, de respect et de tendresse.

« Quand les Muses sont réunies, dit d'une voix de fausset le personnage, qui avait répandu une forte odeur de musc et d'ambre dans les salles qu'il venait de traverser, est-il convenable, mesdames, de laisser Apollon à la porte ?

— Pardonnez-moi! abbé de nos cœurs, répondit la marquise de Rambouillet qui n'avait pas quitté sa place et qui ressemblait, sur son lit, à une reine au milieu de sa cour : Vous êtes de ceux qu'on désire toujours, qu'on espère quelquefois, et qu'on n'ose jamais attendre, de peur de déconvenue. La vérité est que vous tournez de plus en plus à l'inconstance et que vous nous punissez cruellement de notre fidélité.

— Il est vrai, muse des beaux esprits, repartit l'abbé. Je me suis oublié dans les délices d'une autre Capoue : j'étais en adoration devant les autels de la déesse Uranie. Vous n'ignorez pas que c'est le nom céleste que j'ai décerné à madame la duchesse de Longueville, qui mérite de briller entre tous les astres... Écoutez, s'il vous plaît, le nouveau sonnet, que j'ai composé sur la fièvre de cette déesse. »

Un mouvement général de curiosité se manifesta autour de l'abbé, qu'on avait fait asseoir sur le siége d'honneur, et qui récita son sonnet, vingt fois interrompu par des exclamations et des transports d'enthousiasme fanatique. Ces interruptions lui donnaient prétexte de redire chaque vers qui se perdait dans les applaudissements.

Votre prudence est endormie,
De traiter magnifiquement
Et de loger superbement
Votre plus cruelle ennemie.

Faites-la sortir, quoi qu'on die,
De votre riche appartement,
Où cette ingrate insolemment
Attaque votre belle vie.

Quoi! sans respecter vore rang,
Elle se prend à votre sang,
Et, nuit et jour, vous fait outrage!

Si vous la conduisez aux bains,
Sans la marchander davantage,
Noyez-la de vos propres mains.

L'enthousiasme ne fit que s'accroître, et l'auteur de ce chef-d'œuvre dut le répéter coup sur coup, sans pouvoir lasser la patience de son auditoire qui se pâmait d'aise. Ce fut bien pis, quand on entama le commentaire laudatif, dont chaque précieuse se plut à enguirlander les vers du galant abbé, qui acceptait avec un sérieux imperturbable les coups d'encensoir aussi pesants que le pavé de l'Ours de la fable.

La scène changea, lorsqu'on vit apparaître, sans bruit, l'abbé Ménage, qui s'était glissé par les cuisines et les communs de l'Hôtel, pour pénétrer jusqu'à la chambre de madame de Rambouillet : il avait la face rouge et bouffie de colère, les yeux étincelants, et il dit d'un ton de Jupiter tonnant, en foudroyant du regard l'assemblée :

« Voilà bien, madame la marquise, la plus odieuse trahison qui ait été machinée contre M. de Voiture et contre moi. On lit des vers chez vous, et, nous, vos meilleurs amis, vos plus fidèles esclaves, nous sommes écartés comme des pestiférés !

— Çà, calmez-vous, monsieur Ménage, répondit la marquise avec sa voix la plus persuasive et son air le plus langoureux : on fera, s'il le faut, amende honorable, et l'on vous donnera tous les dédommagements auxquels vous voudrez nous condamner ; mais, par pitié, ne dérangez pas nos plaisirs, ne troublez pas nos jouissances. C'est M. l'abbé Cotin qui nous récite son miraculeux sonnet sur la fièvre de la déesse Uranie...

— Oui-da, madame la marquise, M. l'abbé Cotin est bien homme à faire un sonnet qui vaille un poëme épique. Mais ne connaissez-vous pas l'ode saphique, en vers grecs, que j'ai composée aussi sur la même fièvre?

— Une ode saphique? en vers grecs? répétait-on sur tous les tons de la game admirative. Ces vers grecs doivent avoir une fière tournure? Ne pourrait-on pas en goûter la suave harmonie, en attendant qu'on en sache le sens poétique?

— Je vous dirai volontiers ces vers grecs, reprit Ménage, qui affectait de tourner le dos à l'abbé Cotin ; mais je veux vous réciter d'abord un sonnet italien, que m'a inspiré cette fièvre, qu'il faut nommer divine, puisqu'elle a fait naître des prodiges de poésie en toute sorte de langues ; par exemple, une romance de ma façon en vers espagnols...

— N'est-il pas à craindre, interrompit l'abbé Cotin, piqué de se voir éclipsé par l'abbé Ménage, n'est-il pas à craindre que cette fièvre, qui, Dieu soit loué, est guérie maintenant, n'amène sur le Parnasse la confusion des langues?

— Monsieur l'abbé, s'écria Ménage, bouillant de dépit et de jalousie, auriez-vous été mandé en secret dans cette docte assemblée de nymphes et de déesses, pour vous faire absoudre d'avoir donné la fièvre à madame la duchesse de Longueville?

— Qu'est-ce à dire? répliqua Cotin, se dressant, comme un athlète, devant Ménage, qu'il dépassait de toute la tête.

— C'est-à-dire, riposta Ménage en montrant les poings à son adversaire, c'est-à-dire que votre sonnet sur la fièvre est une panacée merveilleuse pour divertir les gens que vos sermons auraient ennuyés.

— Ah ! monsieur l'abbé, repartit Cotin avec indignation, vous êtes une véritable tour de Babel et ne vous entendez plus vous-même.

— Ah ! monsieur l'abbé, repartit Ménage en affectant d'être calme et en grinçant des dents, récitez-nous votre sonnet sur la fièvre de la déesse Uranie, et je me fais fort de trouver dans chaque vers un solécisme, un barbarisme, un sophisme, un idiotisme...

— Holà, Messieurs, de grâce ! s'écria la marquise de Rambouillet, s'interposant tout à coup entre les deux antagonistes prêts à se prendre aux cheveux. Monsieur l'abbé Cotin, votre sonnet est du dernier beau... Monsieur Ménage, mon cher monsieur Ménage, je veux connaître vos vers grecs, vos vers italiens, vos vers espagnols...

— Madame la marquise, interrompit Ménage avec arrogance, il faut que je sache si ma dignité me permet de venir dorénavant dans votre ruelle. Est-il possible que vous m'ayez fait fermer votre porte, pour l'ouvrir à l'abbé Cotin ?

— N'en croyez rien, monsieur mon grand ami ! s'écria la marquise : ces belles dames me sont des témoins irrécusables, pour vous prouver qu'il n'en est rien. La vérité est que M. l'abbé Cotin a violé la consigne qui fermait ma porte à tout le monde, excepté à mes *savantes*, à mes *philosophes*, à mes *nécessaires*.

— Oui, vraiment ! Que faisiez-vous là toutes ensemble, comme des déesses qui conspirent pour chasser les dieux de l'Olympe?

— Nous allions entendre la traduction en vers du poëme latin de Lucrèce sur la Nature des choses ; l'auteur est M. de Molière que protége monseigneur le duc de Guise...

— Quoi ! dit Ménage stupéfait : le Molière, qui joue la farce à l'*Illustre Théâtre*, ce comédien bouffon s'avise de traduire Lucrèce?

— C'est un comédien ! répéta-t-on en chœur : un comédien, qui porte un masque et qui donne à rire aux marchands de la rue Saint-Denis, sinon aux bateliers de la Grève.

— Où donc est-il, ce petit traducteur de Lucrèce? demanda Ménage : je vais bien l'embarrasser, Mesdames, en l'interrogeant sur les archaïsmes de la latinité de Lucrèce. »

On chercha Molière, on ne le trouva pas ; il s'était enfui, avec son manuscrit, pour échapper au sonnet sur la fièvre de la déesse Uranie et à la poésie polyglotte de Ménage.

Vingt-cinq ans plus tard, il se souvint de ce qu'il avait entendu, ce soir-là, derrière un paravent de l'hôtel de Rambouillet, et il fit sa comédie des *Femmes savantes*.

P. L. JACOB, bibliophile.

FIN

www.ingramcontent.com/pod-product-compliance
Ingram Content Group UK Ltd.
Pitfield, Milton Keynes, MK11 3LW, UK
UKHW020255180726
13839UKWH00001B/318